LA MAINMORTE

DANS

LA TERRE DE L'ABBAYE DE LUXEUIL

PAR

JULES FINOT

ARCHIVISTE DE LA HAUTE-SAÔNE

PARIS

L. LAROSE, LIBRAIRE-ÉDITEUR

22, RUE SOUFFLOT, 22

—

1880

LA MAINMORTE

DANS

LA TERRE DE L'ABBAYE DE LUXEUIL

EXTRAIT DE LA *Nouvelle Revue historique de droit français et étranger*

1880.

347-80. — CORBEIL, Typ. de CRÉTÉ.

LA MAINMORT

DANS

LA TERRE DE L'ABBAYE DE LUXEUIL

PAR

JULES FINOT

ARCHIVISTE DE LA HAUTE-SAÔNE

PARIS

L. LAROSE, LIBRAIRE-ÉDITEUR

22, RUE SOUFFLOT, 22

1880

LA MAINMORTE

DANS LA TERRE DE L'ABBAYE DE LUXEUIL

PROJET D'AFFRANCHISSEMENT DES MAINMORTABLES

Par l'abbé de CLERMONT-TONNERRE

(1775-1789)

La terre de l'abbaye de Luxeuil constitua pendant la plus grande partie du moyen âge une sorte de principauté quasi souveraine, entre le comté de Bourgogne et l'Empire. Cette situation politique ne prit fin qu'en 1534, par la cession des droits de souveraineté consentie à l'empereur Charles-Quint comme comte de Bourgogne par l'abbé François de la Palud. Mais l'incorporation au comté d'un pays en quelque sorte de surséance entre la Lorraine, la Champagne, la Franche-Comté et l'Empire (1), ne l'empêcha pas de conserver quelques coutumes particulières surtout en ce qui concernait la mainmorte, coutumes qui devaient subsister dans toute leur originalité jusqu'en 1789.

On a prétendu que c'est à l'influence du droit germanique qu'il faut attribuer les différences qui distinguent la main-

---

(1) «... Povre petite ville foiblement fermée hors des mettes de nostre roiaume et de la comté de Champaigne, en marches de très grant guerre es frontières d'Allemaigne, de Lorroine, de la conté de Bourgogne et d'autres divers paiz, etc. » (Remise accordée à l'abbaye de Luxeuil par Charles VI, roi de France, de la somme de 300 francs qui lui est due annuellement, motivée sur les charges extraordinaires qu'a supportées ladite abbaye de la part des Anglais et des gens de guerre. 7 juillet 1384. *Archives de la Haute-Saône.* Supp. H 6).

morte de la terre de Luxeuil de celle du reste de la province.
Il est vrai, en effet, que l'abbaye fut un instant sous la gardienneté des empereurs Henri VI, Philippe de Souabe et Fré-
déric II, qui confirmèrent ses privilèges et immunités ; mais
elle accepta peu de temps après pour protecteurs les ducs de
Lorraine, les comtes de Bourgogne, ceux de Champagne et
les rois de France, leurs successeurs. En fait, moyennant le
paiement d'une légère redevance comme droit de gardienneté, elle resta un alleu libre de toute vassalité. La population et ceux qui la gouvernaient semblent avoir plutôt re-
cherché l'isolement que le rapprochement avec les contrées
voisines. Aussi ce sont surtout les principes des droits romain et canonique qui dominèrent dans cette terre ecclésiastique, et cette influence s'explique naturellement quand on
remarque que l'abbaye de Luxeuil fut dès le septième siècle
un asile et une école célèbres ouverts aux moines venant de
tous les points de la chrétienté, un des derniers refuges des
lettres latines et des sciences sacrées ; que dès cette époque
le pape Jean IV lui accorda le privilège de l'exemption qui
la détacha de la juridiction de l'archevêque de Besançon (1) ;
enfin que tous les documents postérieurs des souverains pon-
tifes, des empereurs, des comtes et des rois la représentent
comme ayant une situation exceptionnelle au point de vue
politique et religieux (2).

I

En 1775, le dernier abbé de Luxeuil, M. de Clermont-Tonnerre, homme éclairé et accessible à l'influence de son siècle,
conçut le généreux dessein d'affranchir de la mainmorte tous

(1) *Annales bénédictines*, tome I, p. 689.
(2) Voir : le prétendu diplôme de Charlemagne, rédigé probablement au
dixième siècle pour remplacer un titre perdu (*Cartulaire de Luxeuil à la
bibliothèque de Besançon*) ; la bulle du pape Léon IX de 1049 (*Archives de
la Haute-Saône*, H 690) ; — le diplôme de l'empereur Henri VI de 1123
(*Cartulaire de Luxeuil*) ; — le traité de gardienneté avec le comte de Champagne, Thiébaud VII, de 1258 (*Archives de la Haute-Saône*, H 690) ; — le
serment prêté par Philippe le Bon, duc et comte de Bourgogne, comme
gardien de l'abbaye, de 1451 (*ibid.*) ; enfin l'inventaire des titres produits
en 1527 dans le procès au sujet de la souveraineté (*ibid.*).

les habitants de la terre abbatiale soumis encore à cette dégradante servitude. S'il ne parvint pas à le réaliser, les documents que nous allons analyser montreront du moins que ce ne fut pas la mollesse de ses efforts qui causa cet insuccès.

Nous devons d'abord dire quelques mots de la mainmorte de la terre de Luxeuil et expliquer en quoi elle différait de celle du reste de la province. D'après le manuel général de la Mense conventuelle (1), les coutumes particulières de la seigneurie abbatiale étaient ainsi conçues :

« I. — Les gens de mainmorte de Luxeuil ne peuvent s'affranchir par désaveu comme peuvent faire les autres mainmortables de Franche-Comté.

« II. — Les mainmortables de la terre de Luxeuil sont obligés de résider actuellement dans ladite terre et ne peuvent aller s'établir ailleurs sans l'exprès consentement du seigneur abbé, et, à Neurey, des religieux.

« III. — Les mainmortables ayant enfant vivant, quoiqu'ils ne résident pas en même communion, pourvu qu'ils soient légitimes, peuvent vendre leurs héritages à gens de ladite mainmorte, sans requérir le consentement du seigneur, ce qu'ils ne pourraient faire s'ils n'avaient pas d'enfants légitimes.

« IV. — Quoique, suivant la coutume générale du comté de Bourgogne, les pères et mères succèdent à leurs enfants mainmortables qui décèdent en leur communion, néanmoins les habitants de la terre de Luxeuil ne peuvent prétendre aucune chose dans ces successions qui font *échute* à l'abbaye, à l'exclusion des pères et mères, de quelque manière que ces biens appartiennent à ces enfants, soit qu'ils les aient acquis ou qu'ils les tiennent de succession, donation, de la libéralité de leurs ascendants ou autres.

« V. — Les filles mainmortables qui se marient et suivent leurs maris ne peuvent retourner gésir le jour de leurs noces au meix de leurs pères et mères pour avoir part à leurs successions, mais elles en seront exclues pour toujours, à moins que le seigneur abbé n'y donne son exprès consentement. »

(1) *Archives de la Haute-Saône*, H 678.

Tous ces articles, sauf le troisième, renfermaient des conditions aggravantes de la mainmorte du comté de Bourgogne. L'article 4 du titre XV de la coutume générale de cette province portait, en effet, que « l'homme de mainmorte pour lui et sa postérité à naître, pour ses enfants nés étant en communion avec lui seulement, peut délaisser et abandonner son seigneur, en renonçant audit seigneur, ses meix et héritages mainmortables et la tierce partie de ses meubles tant seulement, si c'est au tort dudit seigneur ; et si ce n'est au tort dudit seigneur sera ledit homme tenu de délaisser avec lesdits meix et héritages les deux parts de ses dits meubles, quelque part qu'ils soient, et par cette manière acquérir ledit homme, franchise et liberté pour lui et sa dite postérité dessus déclarée. » Dans la terre de Luxeuil le sujet ne pouvait ainsi s'affranchir par désaveu et ne devenait libre que de la volonté de l'abbé ; celui-ci, selon son bon plaisir, refusait ou accordait l'affranchissement demandé et dans ce dernier cas il en fixait lui-même le prix. Le mainmortable ne pouvait non plus quitter la seigneurie sans l'exprès consentement de l'abbé. L'article 4 qui déclarait que la succession des ascendants n'avait pas lieu, c'est-à-dire qu'un père qui avait marié un enfant dans sa communion, à qui il avait relâché par contrat de mariage, des fonds ou des meubles en avancement d'hoirie, n'héritait pas de l'enfant ainsi doté mourant sans postérité et dont la succession était recueillie par l'abbé, à l'exclusion du père, grand-père, etc., communiers. Cet article consacrant des dispositions si dures était contesté par une délibération de tous les représentants des villages de la terre assemblés au Four-Rouge à Breuches en 1773, et, à ce sujet, un procès était pendant au parlement de Besançon en 1775. Il était, d'ailleurs, admis que les frères et les sœurs communiers héritaient les uns des autres.

Enfin l'article 5 était de tous le plus rigoureux, car il interdisait le *reprêt*, reconnu par la coutume du comté de Bourgogne et établissait le formariage qui n'avait jamais été en vigueur dans le reste de la province. L'article 7 de la coutume déclarait que : « en lieu de maimorte la fille mariée en son partage peut retourner pour avoir et recouvrir son partage ou provision de biens de père ou de mère, pourvu qu'elle vienne gésir la première nuit de ses noces en son meix et héritage. » Cette faculté laissée à la fille qui se mariait et quittait la communion de ses parents, de conserver ses droits à leur héritage en passant la première nuit de ses noces sous le toit paternel, s'appelait le reprêt. Elle était particulière aux provinces ayant fait partie du royaume de Bourgogne cis-jurane. Elle florissait encore au dix-huitième siècle dans la terre de l'abbaye de Sainte-Claude où elle excita à juste titre la verve sarcastique de Voltaire. Mais à tout prendre, elle constituait un avantage et les mainmortables de Luxeuil se plaignaient amèrement d'en être privés. En fait, le formariage existait dans ladite terre, car les filles ne pouvaient la quitter pour se marier sans le consentement de l'abbé ; le prix de ce consentement n'était pas fixé d'une manière uniforme et laissé à la discrétion du seigneur qui l'exigeait ordinairement d'après la valeur des biens de la sujette mainmortable. Sur l'avis d'un de ses hommes d'affaires, l'abbé avait élevé la prétention d'étendre ce droit sur les hommes de sa terre prenant femme au dehors pour l'amener dans la seigneurie. Mais il n'osa pas la soutenir devant le parlement, les jurisconsultes ayant décidé que le formariage n'était accordé aux seigneurs que pour conserver leurs sujets, et, par conséquent, qu'un garçon en se mariant hors de la terre amenait avec lui un sujet de plus au seigneur.

Ce droit de formariage, très dur pour les habitants de la terre de Luxeuil, car il les empêchait généralement de se marier avantageusement, avait une origine plutôt romaine que germanique. D'après les coutumes germaines l'enfant suivait la condition du père, et cette maxime avait été admise dans la plupart des provinces de l'Est et du Nord ; d'autres au contraire adoptèrent le principe du droit romain : *partus sequitur ventrem*, tout en maintenant toutefois la transmission de la noblesse par le père et non par la mère. C'est ce que Loisel a traduit par ce brocard dont les termes peu gazés n'effrayaient pas la pudeur de nos ancêtres : « la verge anoblit et le ventre affranchit (1). » Dans le diplôme par le-

____

(1) *Institutions coutumières commentées par Laurière*, tome I, p. 28.

quel Philippe de Souabe renouvela à l'abbaye de Luxeuil les privilèges dont les titres avaient été détruits dans l'incendie de 1201, il était déjà dit : *Ubicumque..... infantes de mulieribus præfati monasterii nascantur, eidem monasterio fiant censuales* (1). Selon la remarque de dom Grappin (2), la loi romaine ayant été si longtemps la loi du clergé, il n'est pas étonnant qu'on la retrouve dans les coutumes de Luxeuil. Dans la terre de Verdun, l'un des Trois-Évêchés, le formariage exista aussi jusqu'en 1789.

L'article 3 était le seul renfermant une disposition spéciale favorable aux mainmortables de l'abbaye, en leur permettant, lorsqu'ils avaient des enfants vivants communiers, de vendre tous leurs fonds et maisons, pourvu que les acquéreurs fussent mainmortables de la dite terre, sans lods, ni consentement du seigneur abbé, sans même que ce dernier eût le droit de retenue, quoique les fonds vendus fussent de mainmorte. L'abbé n'avait donc sur les fonds de la terre ni lods, ni consentement, ni commise, et il héritait de tous les immeubles et meubles de son sujet, lorsque ce dernier décédait sans enfants communiers.

Ces droits étaient exercés en 1775 sur vingt-trois villages composant la terre de l'abbaye de Luxeuil, qui y percevait, en outre, d'autres redevances et divers droits féodaux. D'après un état dressé à cette époque par un homme d'affaires de l'abbaye et le relevé du Manuel de la Mense conventuelle, c'étaient les villages de :

Anjeux, population d'après le recensement de 1771 : 429 habitants.

Ainvelle, 329 habitants. (M. le conseiller Varin, à cause de Mme Pusel de Boursières, son épouse, avait aussi des sujets en mainmorte à Ainvelle avec la plus grande partie des dîmes ; l'autre partie des dites dîmes avait été cédée au curé, par l'abbé de Luxeuil pour sa pension congrue.)

Abelcourt, 286 habitants.

Ailloncourt, 347 habitants.

Brotte, 303 habitants. (MM. du Chapitre de Lure et les religieux de Bithaine avaient à Brotte des sujets et des

(1) *Cartulaire de Luxeuil à la bibliothèque de Besançon.*
(2) *Dissertation sur la mainmorte,* p. 79, note 16.

terres mainmortables ; M. Vuilleret et Mme de Mailly y avaient chacun un fief relevant de l'abbaye de Luxeuil avec des sujets mainmortables ; — l'abbé y était seul haut justicier.)

Bassigney, 351 habitants.

Briaucourt, 472 habitants.

Baudoncourt, 520 habitants. (Les religieux de Luxeuil y avaient, outre ceux appartenant à l'abbé, quelques meix et sujets mainmortables qu'ils prétendaient dépendre d'un office claustral avec droit de justice sur lesdits sujets. MM. Damedor, de Reinach et de Lampinet de Sainte-Marie avaient une seigneurie mainmortable, des maisons, sujets, champs, prés et une partie des dîmes en haute justice ressortissant au bailliage de Vesoul avec les ruines d'un vieux château.)

Breuches, 478 habitants. (Il y avait quatre fiefs dans ce village, possédés par MM. de Boursières, Fabert, Desgranges et Brady.)

Esboz-Brest, 357 habitants.

Ehuns, 181 habitants.

Froideconche, 417 habitants.

La Chapelle, 252 habitants. (MM. de Lampinet de Sainte-Marie, de Reinach et Damedor avaient en partie les dîmes avec quelques mainmortables.)

La Pisseure, 53 habitants.

Neurey-en-Vaux, 276 habitants. (Les religieux de Luxeuil y avaient la mainmorte, les formariages, *échutes* et amendes par un traité fait avec l'abbé vers 1765.)

Ormoiche, 137 habitants. (M. Lampinet de Sainte-Marie y avait un fief sans justice, ni sujets mainmortables.)

Saint-Bresson, 1342 habitants. (Cette seigneurie était partagée par moitié entre M. le conseiller Damey et l'abbé de Luxeuil ; chacun d'eux avait des sujets particuliers dont quelques-uns étaient indivis et tous de mainmorte ; la justice appartenant à M. Damey relevait du bailliage de Luxeuil.)

Saint-Sauveur, 605 habitants. (La princesse de Bauffremont, comme dame de Faucogney, avait des maisons et des champs dépendant de sa justice et franchise de Faucogney.)

Saint-Valbert, 691 habitants.

Velleminfroy, 482 habitants.

Villers, 451 habitants.

Visoncourt, 163 habitants.

Enfin Luxeuil dont les habitants avaient été affranchis en 1291.

L'ensemble de la population mainmortable s'élevait au chiffre de 8936 habitants et avec les quatre villages dépendant du prieuré de Fontaine, savoir Mailleroncourt-Saint-Pancras (524), Corbenay (671), Fontaine (806) et Bétoncourt-Saint-Pancras (184), de 11,121 âmes (1).

Le produit des droits de mainmorte était ainsi estimé : les échutes réelles, c'est-à-dire les successions immobilières en déshérence faisant retour au seigneur, pouvaient produire annuellement, Neurey compris, 2,400 livres, en prenant une moyenne de dix années suivant la vérification faite à vue des comptes ; les échutes personnelles, c'est-à-dire les meubles, environ 400 livres par an ; les droits perçus pour le formariage s'élevaient à environ 450 livres par an, soit en tout pour les revenus de la mainmorte 3250 livres.

Les autres biens de l'abbaye consistaient dans les prieurés de Montureux-sur-Saône (uni à la Mense abbatiale), affermé par un bail particulier 3,800 livres ; Saint-Valbert d'Héricourt (uni à la Mense conventuelle) avec plusieurs villages en dépendant, mais dont les mainmortables étaient régis par la coutume générale de la province, affermé 2,400 livres ; Saint-Jean-Baptiste d'Anegray (idem) avec aussi plusieurs villages en mainmorte coutumière du comté de Bourgogne et des lods au 20 p. 100, affermé 1,350 livres ; Jasney (idem) avec des terres en fiefs, des sujets et des terres de mainmorte générale ; Charmes-Saint-Valbert (idem), affermé 300 livres.

L'abbé était seul haut justicier de la terre de Luxeuil, à l'exclusion des religieux. Il avait tous les droits honorifiques,

____

(1) La population des 27 localités énumérées s'élève d'après le recensement de 1876 à 16,043 habitants, soit une augmentation de 4,913 habitants depuis un siècle. C'est surtout dans les localités où se sont établies des industries comme à Breuches, Froideconche, Saint-Bresson, que l'augmentation est considérable. La population a diminué dans certains villages, ainsi à Ainvelle (329 hab. en 1771 et 281 en 1876), Bassigney (351 en 1771 et 296 en 1876), Saint-Valbert (691 en 1771 et 386 en 1876), Velleminfroy (482 en 1771 et 450 en 1876).

nommait seul tous les officiers du bailliage ; les gages du bailli fixés à 100 livres par an ne lui étaient jamais payés ; il en était de même du procureur fiscal dont les appointements étaient de 40 livres. L'office du greffier rapportait à l'abbé 6 ou 700 livres ; celui du tabellion général 600 livres ; il y avait six procureurs dont les offices étaient taxés 300 livres ; la charge de garde-marteau avait été vendue 2,400 livres ; celles des huissiers, au nombre de six, 100 livres chacune. L'abbé percevait seul les amendes, sauf à Neurey-en-Vaux, où elles appartenaient aux religieux.

La terre de Mailleroncourt-Charette relevait de l'abbaye et le seigneur était tenu à chaque mutation de faire reprise de fief et de prêter foi et hommage à l'abbé qui était aussi co-seigneur avec le roi à Amblans et à Velotte. M. Breton d'Amblans avait acheté la portion de seigneurie royale et était devenu ainsi seigneur engagiste. Il percevait la moitié des amendes et épaves, et l'abbé, l'autre moitié. Le territoire de ces localités était de franchise sans lods ni consentement. Les religieux de Bithaine y avaient cependant quelques terres mainmortables. Il y avait une justice particulière qui prenait le nom de bailliage et relevait directement du Parlement de Besançon ; les officiers en étaient nommés alternativement par l'abbé et par le seigneur engagiste.

La seigneurie de Raddon et Chapendu était partagée entre l'abbaye et le seigneur de Faucogney. Ces deux villages étaient de franchise, sans lods, ni consentement. Leur bailliage ressortait directement au parlement. L'abbé seul instituait tous les officiers ; le seigneur de Faucogney nommait les gardes ; les amendes et épaves se partageaient par moitié.

L'abbé était seul haut-justicier à Mailley ; la justice, les bois, les vignes et quelques terres pouvaient rapporter 1000 livres par an.

La Mense abbatiale touchait annuellement 3000 livres, produit de la coupe de 75 arpents de bois taillis, sans compter les quarts en réserve ; la Mense conventuelle recevait 1800 livres provenant de la coupe de 36 arpents. L'abbé nommait seul les gardes des forêts des deux Menses ; les religieux lui présentaient ceux qu'ils voulaient pour leurs bois et l'abbé les instituait ensuite.

Les nombreux fours et moulins banaux, appartenant soit à l'abbé, soit aux religieux, avaient été acensés à perpétuité aux communautés, pour des redevances en argent ou en grains. L'abbé avait des dîmes et des terres à Melincourt, Cuve, Anjeux, la Pisseure, Bassigney, Pomoy, Velleminfroy, Brotte, Allioncourt, Saint-Sauveur, La Chapelle, Baudoncourt, Breuches, Abelcourt et Villers, rapportant annuellement 850 quartes (1) de froment, 400 quartes de seigle, 700 quartes d'avoine, 80 quartes de millet et 100 quartes tant d'orge que de pois, le tout à la mesure de Luxeuil.

Les religieux avaient les dîmes de Briaucourt, Esboz-Brest, Ehuns et Visoncourt d'après le traité fait avec M. l'abbé de Bauffremont pour le partage des deux Menses.

Toutes les communautés qui avaient des vignes prétendaient que ces propriétés étaient de franche condition parce qu'elles avaient été plantées sur des communaux ou des bois défrichés. Il y avait contestation à ce sujet. Lors du partage des territoires non encore délimités entre les communautés de Luxeuil, Breuches, Saint-Valbert et Froideconche, l'abbé avait été choisi pour arbitre ; il déclara par sentence arbitrale que Luxeuil, son territoire et ses communaux, resteraient francs comme par le passé et que Saint-Valbert, Breuches et Froideconche seraient mainmortables ainsi que leurs communaux. Ces trois communautés avaient appelé de cette sentence au parlement de Dôle, qui l'infirma et déclara leurs communaux de franchise. Les vignes de Brotte et d'Allioncourt, appelées les vignes d'Alliers, avaient toujours été vendues depuis le quinzième siècle comme étant de franchise et appartenaient pour la plupart à des habitants de Luxeuil ; elles passaient par succession collatérale aux héritiers de ceux qui les possédaient, quand ils étaient eux-mêmes de franche condition ; au contraire, si le possesseur était mainmortable, elles faisaient échute au seigneur, parce que celui-ci, en cas d'absence d'enfants communiers, héritait des biens francs de son sujet mainmortable, comme des biens de mainmorte. Cependant l'abbé, à l'instigation de son homme d'affaires, avait intenté de nombreux procès à des habitants de Luxeuil,

____

(1) La quarte de Luxeuil équivalait à peu près à 50 litres.

Allioncourt et Brotte, pour faire déclarer ces vignes biens de mainmorte. Ces contestations étaient restées indécises au bailliage de Luxeuil.

Nous ne détaillerons pas tous les petits droits, cens, corvées de charrue, de moisson, de fenaison, de voitures de foin et de bois, de vendange, poules, tailles, cire, etc., dont l'énumération remplit un volume in-folio de plus de 600 feuillets. Terminons en remarquant qu'on pouvait évaluer approximativement les revenus de la Mense abbatiale à 48 000 livres et ceux de la Mense conventuelle à 32 000.

II

Telle était la situation du temporel de l'abbaye de Luxeuil, quand M. Louis Aynard de Clermont-Tonnerre, son dernier abbé, homme éclairé, en relations par la famille de Breteuil alliée à la sienne avec Mme du Châtelet, et, quoique commendataire, résidant dans son bénéfice et ne le considérant pas seulement comme une source de revenus, songea à affranchir ses 8736 sujets mainmortables dont la misérable condition matérielle et morale excitait sa sollicitude. Cependant, comme la terre de Luxeuil n'était pas sa propriété, qu'il n'en touchait que les revenus, que ses intérêts étaient, comme nous venons de le voir, enchevêtrés avec ceux de ses religieux, il ne pouvait mettre à exécution ce projet qu'après avoir pris les mesures nécessaires pour sauvegarder les droits et les avantages de ses successeurs et des bénédictins. Dans ce but, il fit rédiger par un avocat au parlement de Paris, le sieur Parent, une requête adressée au roi en son conseil. Cette requête n'est pas seulement remarquable comme document judiciaire; il y règne, en effet, sous l'enflure du style à la mode à cette époque, une certaine élévation de pensée qui prouve que les idées du dix-huitième siècle avaient pénétré jusque dans les palais abbatiaux des provinces les plus reculées. Il faut admettre que M. de Clermont-Tonnerre approuva tout au moins la rédaction de cette pièce, s'il n'y coopéra point. Elle débute par un exposé de l'état et de la nature de la mainmorte dans la terre de Luxeuil où « elle frappe tous les habitants de 23 villages, considérés comme autant de serfs dans un État libre où il ne devrait pas y en avoir ». « Ces droits, y est-il dit, qui tiennent si fort de la servitude et de l'esclavage, ont pris naissance dans des siècles d'ignorance et de barbarie ; à ces époques, ils pouvaient être envisagés sous un point de vue de nécessité et d'utilité pour les seigneurs puissants, qui, se croyant indépendants, exerçaient par là sur leurs hommes et sujets une autorité usurpée sur celle du souverain, la seule légitime, et ne connaissaient d'autre loi que leur volonté ; mais la France, sortie de ces siècles de ténèbres, de trouble et de division, vit enfin naître le calme, et l'autorité ramenée à sa véritable source et les premiers rayons de lumière et de tranquillité ayant bientôt fait connaître tous les inconvénients qui résultaient de la mainmorte et tous les maux qu'elle occasionnait, les rois, plus jaloux de régner sur des hommes libres que sur un peuple d'esclaves, ne balancèrent pas à proscrire cette servitude odieuse ; ils firent successivement promulguer ces lois si sages et si précieuses à l'humanité de 1145, 1315 et 1553, par lesquelles ils abolirent entièrement la mainmorte dans leurs propres domaines, invitèrent d'abord et ensuite ordonnèrent aux seigneurs d'en faire de même dans leurs terres. Cet exemple des souverains fut suivi par presque tous les seigneurs, en sorte que l'abolition de la servitude de mainmorte ou sa commutation en droits, redevances ou charges réelles sur les héritages des mainmortables, furent presque générales dans tout le royaume et qu'il n'en reste pour ainsi dire plus de vestiges que dans les provinces qui, à l'époque de ces abolitions, n'étaient pas soumises à la France ; de ce nombre sont celles des duché et comté de Bourgogne où plusieurs habitants languissent et gémissent, tout à la fois encore, sous le poids de cette honteuse servitude ; néanmoins depuis plusieurs années il s'est opéré beaucoup d'affranchissements ; nombre de villages de Franche-Comté se sont rédimés de la mainmorte à prix d'argent provenu de la vente de quart en réserve de leurs bois ; mais plus le nombre de cette espèce de serfs diminue, plus le joug de la servitude devient nuisible, humiliant et insupportable à ceux qui vivent sous ce joug ; telle est aujourd'hui la malheureuse position des villages et hameaux dépendants de Luxeuil; depuis trente années que le suppliant est pourvu de cette abbaye, il n'y a vu que des hommes lourds, indolents, découragés et abattus, des terres incultes, une culture absolument négligée, nul commerce, point d'émulation et une apathie générale; tandis que les habitants des villages libres, leurs voisins, sont vifs, actifs, laborieux; leurs terres sont bien cultivées et rendent d'abondantes récoltes; on y voit de belles prairies, des nourritures considérables de bestiaux, des engrais abondants et aucun terrain inculte; ce contraste entre les habitants du même pays ne provient que de ce que les uns, réduits à une espèce d'esclavage et n'ayant qu'une jouissance précaire, un simple usufruit de leurs fonds, bornent tous leurs travaux à leurs besoins présents dans lesquels ils sont concentrés par l'impuissance où ils sont de disposer de leurs biens et l'incertitude de pouvoir les transmettre à leurs héritiers; au lieu que les autres, vrais propriétaires avec la libre disposition de leurs fortunes, travaillant non-seulement pour eux, mais pour leurs familles, ne mettent d'autres bornes à leurs travaux que celles qu'exige le repos du corps; la mainmorte est donc dès lors tout à la fois destructive de l'agriculture, de la main-d'œuvre et du commerce; elle est révoltante pour l'humanité; elle anéantit en quelque sorte l'existence humaine; en réduisant une partie des sujets de Sa Majesté dans un royaume libre à une sorte d'esclavage insupportable, elle les humilie, les abat et les rend en quelque sorte incapables de tous actes; elle est un obstacle aux mariages et tend à la dépopulation, soit parce que ceux qui languissent sous ce joug ne sont pas portés à reproduire leur race d'esclaves, soit par des émigrations de ces habitants fatigués de la servitude dans laquelle ils gémissent; en sorte qu'on peut regarder la mainmorte comme un fléau de l'État; les seigneurs mêmes, dans les terres desquels cette servitude existe encore, perdent beaucoup plus par le défaut de culture des terres du territoire de leurs seigneuries, qu'ils ne gagnent par les échutes, les réversions et autres casuels attachés au droit de mainmorte; les successions sont spoliées; les mainmortables, qui n'ont qu'une vie misérable à regretter et n'ont rien à perdre, se portent à toutes sortes d'extrémités ; la mainmorte est une source aussi abondante que continuelle de procès et de contestations aussi à charge, aussi dispendieuses et aussi ruineuses pour les seigneurs que pour leurs sujets mainmortables. »

Après avoir ainsi fait ressortir les inconvénients de la mainmorte, au point de vue social et économique, sans avoir invoqué, on le remarquera, car c'est un signe du temps, aucune considération tirée de l'ordre religieux et de la morale évangélique, l'abbé de Luxeuil, témoin des maux sans nombre qui en résultaient, ayant à cœur de prêter son concours aux vues de bien public qui animaient Sa Majesté et ses ministres, exposait qu'il avait cru de son devoir de proposer l'extinction et l'abolition de la servitude de mainmorte dans tous les villages dépendant de son abbaye et de la Mense abbatiale, sous la réserve des droits de tailles, cens, redevances et autres, qui continueraient d'être perçus comme par le passé. Mais comme cette abolition de la mainmorte diminuerait les revenus de l'abbaye provenant des échutes, réversions et autres revenus casuels y attachés, l'abbé, obligé de veiller à la conservation des biens de son bénéfice, ne pouvait en rien laisser distraire, qu'à la charge de remplacement. Il avait, en conséquence, cru possible de commuer la mainmorte en rentes, redevances et cens qui avaient été imposés sur les héritages, en droits de lods sur les ventes fixés au dixième du prix d'acquisition, et en une taxe sur chaque habitant. Cependant, il avait considéré que ce ne serait ainsi qu'une transposition de la servitude des personnes sur les propriétés ; que ces droits devenant très onéreux aux habitants et une surcharge sur leurs biens, ses sujets n'éprouveraient pas de cette manière un changement d'état bien avantageux ; que dès lors les vues de bien public qu'il s'était proposées ne seraient pas remplies. Il avait donc fallu chercher d'autres moyens d'indemniser la Mense abbatiale. Plusieurs communautés mainmortables s'étant libérées avec le produit de la vente des quarts en réserve de leurs bois, celles de la terre de Luxeuil auraient pu agir de même et trouver dans la vente de leurs bois la somme de 200 000 livres à laquelle était estimée la valeur du capital des revenus des droits de

mainmorte. Cette somme aurait été placée en rentes de la
nature de celles qu'il est permis aux communautés religieu-
ses d'acquérir d'après l'édit de 1749 ; les intérêts de cette
somme compenseraient le déficit produit dans les revenus
de l'abbaye par l'abolition de la mainmorte. Mais cette
combinaison avait dû aussi être écartée, parce que parmi les
communautés qu'il s'agissait d'affranchir plusieurs avaient
déjà disposé de leurs quarts en réserve pour d'autres objets,
et que celles qui les avaient conservés intacts auraient été
dénuées de toutes ressources pour les cas d'urgente néces-
cité, après en avoir disposé pour se libérer de la mainmorte.
Ces moyens écartés, M. de Clermont-Tonnerre ne voyait rien
de praticable pour indemniser l'abbaye, que la réunion du
prieuré de Fontaine, autrefois membre dépendant de l'abbaye
de Luxeuil (1). Cette réunion, facile à opérer, devait rendre
l'affranchissement de la mainmorte purement gratuit pour
les habitants, tout en ne diminuant en aucune façon les revenus du bénéfice. Il suppliait donc Sa Majesté d'ordonner que
la mainmorte, à laquelle les sujets de l'abbaye et de la Mense
abbatiale étaient assujettis, serait et demeurerait éteinte et
supprimée ; qu'à l'avenir les habitants pourraient : se marier
hors des terres de ladite abbaye et avec telles personnes qu'il
leur conviendrait ; sortir d'icelles terres pour aller s'établir où
bon leur semblerait ; vendre et disposer de leurs biens en
faveur de qui ils voudraient, sans le consentement du seigneur et sans qu'il puisse y avoir lieu à la commise ; jouir
enfin de tous les droits, franchises et libertés dont jouissent
les autres habitants des villes, bourgs et villages non mainmortables, à la charge néanmoins de payer les autres droits,
cens, rentes et redevances dus à l'abbaye. Il demandait ensuite au roi de décider que, pour tenir lieu à l'abbaye de
l'indemnité à laquelle elle était en droit de prétendre, à raison de la diminution que l'affranchissement occasionnerait
dans ses revenus, le prieuré de Fontaine, qui jadis dépendait
de ladite abbaye, y fût et demeurât réuni à perpétuité, sans

(1) Monastère fondé par saint Colomban quelque temps après celui de
Luxeuil. Longtemps dépendant de cette abbaye au temporel comme au
spirituel, il en fut détaché vers le treizième siècle pour former un prieuré
conventuel à la nomination du roi. Ses revenus s'élevaient à environ
6,000 livres.

pouvoir en être démembré, étant en quelque sorte *représentatif*, selon l'expression de l'ancienne pratique, du prix de
l'affranchissement. Comme en ce moment le prieuré de
Fontaine était pourvu d'un titulaire (1) et que la réunion ne
pourrait s'effectuer immédiatement qu'à la condition de
donner au prieur actuel un bénéfice de même produit,
M. de Clermont-Tonnerre proposait qu'en attendant la vacance dudit prieuré, il fût assigné aux deux Menses de l'abbaye de Luxeuil une pension annuelle de 10 000 livres à pré-
lever sur un bénéfice désigné par Sa Majesté ou sur les
fonds des Économats (2), pension qui serait servie jusqu'au
moment de la réunion du prieuré (3).

Par une lettre datée de Paris le 7 octobre 1776, l'Intendant du comté de Bourgogne, M. de Lacoré, à qui l'on doit
l'affranchissement d'un grand nombre de communautés de
cette province, communiqua cette requête à son subdélégué,
à Vesoul, M. de Saint-Ferjeux, en le priant de l'examiner
et de lui faire part des observations dont elle lui paraîtrait
susceptible, « quoique, dit-il, il y ait lieu de supposer que
rien ne s'opposera à l'exécution d'un projet aussi intéressant
pour l'humanité » (4). M. de Saint-Ferjeux, homme éclairé
qui a laissé des mémoires historiques et statistiques sur le
bailliage d'Amont et fut l'un des plus actifs et intelligents
collaborateurs de M. de Lacoré dans l'administration de la
Franche-Comté, prit auprès d'hommes de loi, connaissant
à fond les questions de mainmorte et les affaires de l'abbaye
de Luxeuil, tous les renseignements qui lui étaient nécessaires pour donner satisfaction à la communication de l'Intendant. Outre un état des revenus de l'abbaye qui lui fut
adressé par un sieur Desgranges, avocat à Luxeuil (5), nous
avons trouvé dans ses papiers une consultation non signée
sur le point de savoir si un abbé commendataire en Franche-

---

(1) M. Franchet de Rans, évêque *in partibus* de Rhosy.

(2) Le fonds des Économats était constitué par les revenus des bénéfices
et des évêchés vacants dont le roi avait la jouissance aux termes du con-
cordat de 1515.

(3) Requête de l'abbé de Clermont-Tonnerre, *Archives de la Haute-Saône,*
série C, liasse 223.

(4) *Archives de la Haute-Saône,* C, 223.

(5) *Ibid.*

Comté pouvait affranchir ses sujets mainmortables avec lettres patentes du prince ainsi que les biens fonds de ses directes en mainmorte, sous la réserve seulement du droit de consentement, des lods et de la commise, et si le roi avait la faculté d'unir pour indemnité au bénéfice de cette commende un autre bénéfice. Le jurisconsulte concluait affirmativement, s'appuyant sur l'autorité de Dunod qui, dans son traité de la mainmorte (1), est d'avis que, selon l'usage de la province, les bénéficiers peuvent affranchir les sujets de la macule de mainmorte personnelle, comme l'ont d'ailleurs décidé trois arrêts du parlement de Besançon, l'un du 15 janvier 1624, l'autre de 1640 et le troisième du 14 avril 1730. Mais cette faculté ne paraissait pas étendue à la mainmorte réelle que les bénéficiers, d'après le même auteur, ne pouvaient pas faire *sans cause* et sans les formalités prescrites pour les aliénations qui leur sont permises. « Les causes de l'affranchissement dont il s'agit, disait l'auteur de la consultation, sont pour les sujets la liberté de vendre et de succéder, et pour le bénéfice le fait de multiplier les sujets de la terre et les cultivateurs, de percevoir des lods et droit de consentement aux mutations des fonds, tandis que les mainmortables ayant enfants pouvaient vendre sans consentement, ni lods ; on devait ajouter à ces causes l'utilité et la nécessité publiques suppléant même aux autres nécessités. » (Voir Dunod, *Traité des prescriptions*, p. 20.) Cependant, comme cet affranchissement était un acte de propriété, il semblait nécessaire pour le consommer d'avoir le consentement des religieux quoique les deux Menses fussent séparées, et l'autorisation du roi, comme le protecteur et le conservateur des biens d'église en France. Le consentement des religieux devait être attesté par une délibération capitulaire. Quant à l'indemnité proposée par l'union d'un autre bénéfice, ce n'était qu'un motif de convenance et non point véritablement le prix de l'aliénation d'un bien d'église par un autre bien d'église. Le roi, ayant la nomination des bénéfices royaux, avait le droit d'union d'un bénéfice même à un autre bénéfice qui ne serait pas de nomina-

____

(1) *Traité de la mainmorte*, pages 230 et 231.

tion royale. Ce droit avait été exercé en Franche-Comté dans plusieurs circonstances, notamment à l'égard du chapitre de Calmoutier qui pourvoyait lui-même aux canonicats vacants, comme l'avait reconnu le Parlement. Pour obtenir leur translation à Vesoul et l'union à leur Mense du prieuré du Marteroy qui était de nomination royale, les chanoines proposèrent de partager avec Sa Majesté le droit de nomination aux canonicats, et le traité fut conclu sur les bases de la nomination alternative par le roi et par le chapitre. Le roi perdrait, il est vrai, par l'union du prieuré de Fontaine à l'abbaye de Luxeuil, le droit honorifique de nomination à ce bénéfice, mais cette perte pourrait être compensée par l'abandon de la part de l'abbé et des religieux au souverain du droit de nomination aux offices de judicature de la terre de Luxeuil, qui seraient réunis au bailliage royal de Vesoul.

M. de Saint-Ferjeux répondit donc, le 3 décembre 1776, à l'Intendant, que « l'on ne pouvait s'empêcher de convenir que le bien de l'État et celui de l'humanité étaient intimement liés à l'accomplissement du projet de M. l'abbé de Clermont-Tonnerre. D'après le dénombrement fait en 1771, ajoutait-il, l'on comptait dans les vingt-trois villages de la terre de Luxeuil 8936 habitants qui seront autant d'heureux que le roi fera en prononçant conformément aux conclusions de la requête. Cet affranchissement gratuit, en rendant la liberté à une foule de sujets avilis par la servitude, les pénétrerait d'une reconnaissance aussi durable que cet acte de bienfaisance serait avantageux. Pour en étendre les effets et faire encore un plus grand nombre d'heureux, il conviendrait que le même acte du prince contînt l'affranchissement des sujets mainmortables dépendants du prieuré de Fontaine, afin que ce bénéfice une fois réuni à l'abbaye de Luxeuil, son ancienne mère, les habitants de certains villages n'aient pas à se plaindre d'être plus maltraités que leurs frères. De cette clause, qu'il faudrait ajouter aux conclusions de M. l'abbé de Clermont-Tonnerre, résulterait l'abolition de l'esclavage de 2185 autres habitants formant la population des villages de Fontaine, Corbenay, Mailleroncourt et Betoncourt Saint-Pancras, tous sous la dépendance du prieuré de Fontaine. Ces nouveaux affranchis se réunissant aux sujets de la terre de Luxeuil ne cesseraient d'élever leurs vœux au Ciel pour la prospérité du roi. Si les avantages que ressentiront les mainmortables affranchis sont inappréciables pour eux, ceux que l'État est en droit d'attendre de cet acte de bienfaisance méritent aussi la plus grande considération. L'affranchissement contribuerait à coup sûr au rétablissement de l'agriculture dans une partie de la province où elle est le plus négligée; il tarirait sans retour la foule de contestations et de procès ruineux existant au détriment du sujet et du seigneur; la population en recevrait dans un bref délai les accroissements les plus certains; l'amour du travail et du commerce devenus plus fructueux, faisant place à la paresse et au découragement, enrichirait ces cantons et augmenterait d'autant les ressources de l'État. L'indemnité demandée par l'abbé de Luxeuil ne paraissait point excessive, car les droits fructueux qu'il proposait d'abandonner pouvaient être évalués entre quatre et cinq mille livres de revenu annuel. L'affranchissement des mainmortables du prieuré de Fontaine pourrait opérer une diminution de mille à douze cents livres dans les revenus du bénéfice, et, comme il rapporte six à sept mille livres de rente, il faut en conclure que la demande de M. l'abbé de Clermont-Tonnerre est très raisonnable et qu'il a plus à cœur le bien de l'humanité et la cessation des inconvénients inséparables de la servitude dont il a été très longtemps le témoin, que ses propres intérêts. La gloire et le bien de l'État étant également liés à l'acceptation des propositions de M. l'abbé de Luxeuil, il y a lieu de croire qu'elles seront agréées par le conseil, d'autant mieux que la réunion du prieuré de Fontaine à l'abbaye n'obligera pas pour cela Sa Majesté de donner dans la suite à une même personne un plus gros revenu; elle pourra toujours, lors de la nomination à l'abbaye de Luxeuil, multiplier les heureux en affectant des pensions sur les revenus de ce bénéfice. Enfin ce projet est si avantageux pour les habitants de la terre de Luxeuil que quand même, contre toute espèce d'espérance, Sa Majesté ne jugerait pas opportun de le mettre à exécution dans son ensemble, il serait du moins fort utile de retenir les offres d'affranchissement qu'il contient, pour en faire jouir les habitants, à charge par ceux-ci de payer à M. l'abbé les 200,000 livres d'indemnité représentant approximativement la valeur des droits cédés. Les villages d'Abelcourt, Ainvelle, Anjeux, Bassigney, Baudoncourt, Breuches, Briaucourt, Esboz-Brest, Ehuns, Froideconche, la Chapelle, la Pisseure, Neurey-en-Vaux, Ormoiche, Pomoy, Saint-Bresson, Saint-Sauveur, Saint-Valbert, Velleminfroy, Villers et Visoncourt, préféreraient certainement se cotiser pour réunir ladite somme plutôt que de rester sous le poids de la servitude, et, au moyen de la vente de leurs réserves pour les communautés qui en ont, ou de la vente de leurs coupes ordinaires pour les communautés qui ont disposé de leurs réserves, elles parviendraient, dans moins de quatre ans, à payer ladite indemnité et à se tirer de l'esclavage où elles sont plongées (1). »

M. de Lacoré, intendant du comté de Bourgogne, retourna le 10 janvier 1777 à M. de Saint-Germain, ministre de la guerre, qui avait la Franche-Comté parmi les provinces de son département (2), la requête de M. de Clermont-Tonnerre, en accompagnant cet envoi de l'avis le plus favorable sur le projet qu'elle renfermait. Reproduisant les arguments présentés par l'abbé de Luxeuil et développés par M. Miroudot de Saint-Ferjeux, il insistait sur les avantages moraux et matériels que sa réalisation procurerait à une population de près de 12,000 âmes. « Il suffit, disait-il, de faire observer que le vœu de l'humanité et le bien de l'État concourent également à faire proscrire, toutes les fois que l'occasion s'en présente, les traces d'une servitude, suites de la tyrannie de cet ancien gouvernement féodal aboli par les lois du royaume et dont il ne reste plus de vestiges que dans les provinces qui, à l'époque de ces lois, n'étaient pas encore soumises à la France; de ce nombre sont le duché et le comté de Bourgogne; encore s'y est-il fait, depuis plusieurs années, un grand nombre d'affranchissements, soit à prix d'argent, soit par la conversion des droits de mainmorte en des rede-

____

(1) *Archives de la Haute-Saône*, C, 223.

(2) Sous l'ancien régime il n'y avait pas de département ministériel correspondant à celui que nous désignons par ministère de l'intérieur; l'administration des provinces du royaume était répartie entre les divers ministres qui traitaient des affaires de cette nature dans le conseil des dépêches.

vances foncières, et le Conseil du roi, pénétré des principes de bien public qui favorisent la liberté, a toujours prêté le secours de son autorité aux différents arrangements que les habitants des villages de mainmorte ont faits avec leurs seigneurs, pour être affranchis de cette servitude également onéreuse et humiliante (1). » Enfin il appuyait châleureusement la proposition de réunir le prieuré de Fontaine à l'abbaye de Luxeuil pour compenser la perte de droits de mainmorte qui seraient ainsi abolis sans surcharger une population pauvre et peu industrieuse, de dépenses relativement considérables.

III

Malgré tous ces avis favorables du subdélégué et de l'intendant, malgré la dépêche par laquelle le comte de Saint-Germain avait, en 1776, exprimé l'opinion que rien ne paraissait devoir s'opposer à l'exécution d'un projet aussi intéressant pour l'humanité, la requête de M. l'abbé de Clermont-Tonnerre fut enterrée, selon l'expression administrative consacrée. Une lettre de l'abbé de Luxeuil du 4 mars 1777 et une nouvelle supplique qu'il adressa dans la suite nous permettent d'entrevoir ce qui se passa dans les bureaux ministériels relativement à cette affaire. « En 1776, dit M. de Clermont-Tonnerre, ma requête fut présentée à M. Turgot, alors contrôleur général, et, après plusieurs ricochets, je n'en ai plus entendu parler (2). » Il est probable, en effet, que ce fut parce que Turgot avait quitté le ministère que les ricochets dont il est question eurent lieu. Quand le savant économiste eut été obligé de se retirer devant la coalition du clergé, de la noblesse, de la haute finance et des parlements, une sorte de réaction éclata contre les utiles réformes qu'il avait essayé d'introduire dans l'administration du royaume. Il ne faut donc pas s'étonner qu'on ait cherché à enfouir dans les cartons de quelque

(1) *Archives de la Haute-Saône*, C, 42.
(2) *Ibid*.

bureau le projet d'affranchissement de la mainmorte qui avait peut-être été provoqué par l'éminent ministre.

Voici, d'ailleurs, quels furent les ricochets dont parle M. de Clermont-Tonnerre. Après le renvoi de Turgot, ce fut un instant Maurepas, vieillard frivole, qui eut la haute main dans la direction des affaires. Necker, confiné dans les finances, n'eut dans le principe qu'un rôle secondaire. Maurepas, comme président du Conseil, fit renvoyer la requête de l'abbé de Luxeuil à M. de Beaumont, grand-maître des Eaux et Forêts de France, précédemment intendant du comté de Bourgogne, afin que l'opportunité des propositions de vente des quarts en réserve fût examinée. Le grand-maître, n'ayant à prononcer que sur la possibilité et l'utilité de la vente des bois communaux, estima que son avis deviendrait inutile si la réunion du prieuré de Fontaine était accueillie ; en conséquence, il renvoya la requête à Mgr le cardinal de la Rochemont, ministre de la feuille des bénéfices. C'est là qu'elle vint échouer et sombrer définitivement.

Le cardinal ne devait pas sans doute être bien favorablement disposé à l'égard d'un projet qui supprimait un bénéfice sur la liste dont il avait la garde, enlevait un droit de nomination royale et, de toute manière, diminuait les revenus ecclésiastiques. Peut-être aussi fut-il pressé de rejeter la demande de réunion par les sollicitations de Mgr Franchet de Rans, évêque de Rhosy, peu désireux de voir son titre de prieur de Fontaine converti en une simple pension, et par celles des religieux mêmes de l'abbaye de Luxeuil, jaloux de leurs antiques droits, craintifs sur leurs intérêts et ennemis de tout progrès. L'un d'eux, esprit pourtant distingué, qui devait laisser un nom dans les lettres en Franche-Comté, dom Grappin, né à Ainvelle, dans la terre de Luxeuil, de parents affranchis depuis peu de la mainmorte, auteur de travaux historiques remarquables, tels que l'*Abrégé de l'histoire du comté de Bourgogne*, le *Traité des Monnaies*, etc., traita la question mise au concours par l'Académie des Sciences, Belles-Lettres et Arts de Besançon en 1777 : « Quelle est l'origine des droits de mainmorte dans les provinces qui ont composé le premier royaume de Bourgogne. » Cette dissertation très savante, très précieuse surtout par les notes qui l'accompagnent, remplie de faits, mais aussi d'idées fausses, sur l'influence du droit germanique, fut couronnée dans la séance du 24 août 1778 et imprimée l'année suivante. On est vraiment surpris de lire dans son introduction des phrases telles que celles-ci : « La mainmorte est-elle un fléau dont le Ciel frappa dans sa colère la moitié du genre humain, et qui afflige encore une partie du peuple en différents États de l'Europe? Cet établissement est-il contraire au droit naturel ? N'entre-t-il point dans des principes d'une saine législation ? En un mot, faut-il en croire aux philosophes modernes sur les origines et les effets de la mainmorte ? Ils voient des chaînes appesanties où je n'aperçois que de simples liens pris volontairement et qu'on peut quitter de même. Le cri de la liberté, qui est devenu celui de l'indépendance, ne séduira point tous les habitants des campagnes. S'il en est qui estiment assez l'état des hommes libres pour l'acquérir au prix de l'aisance dont ils jouissent, d'autres, connaissant mieux leurs propres intérêts, préféreront toujours à une franchise indigente la richesse et la propriété des colons asservis. La mainmorte actuelle n'a donc rien qui la rende odieuse; elle est même, si je puis m'exprimer ainsi, plus douce et plus humaine que dans les siècles derniers. » Et dans la conclusion : « Pourquoi avons-nous des communautés entières qui ont mieux aimé conserver la macule d'origine que d'acheter au prix d'une somme modique la liberté qu'on leur offrait ? C'est qu'elles croient trouver dans le sein de la mainmorte une source de richesses, comme elle en est une de population et d'industrie; c'est que la défense d'aliéner sans l'agrément du seigneur empêche la dissipation des biens ; c'est qu'ils ont l'exemple des villages affranchis dont les anciens habitants ne sont plus que les fermiers des fonds qu'auparavant ils possédaient en propre, de sorte qu'aujourd'hui, dit le président Bouhier, presque tous les habitants des terres sont misérables et les villages beaucoup moins peuplés que quand ils étaient en mainmorte. Qu'on cesse donc de peindre avec les couleurs de la barbarie ou de l'esclavage ce qui, dans l'origine, fut un trait d'humanité. Cette vertu, suivant Du-

moulin, a bien fait des mainmortables, et d'abord il cite
dix mille Français qui, sous François Ier et Henri II, trouvè-
rent un asile au comté de Bourgogne, avec des terres qu'on
leur abandonna sous la condition de mainmorte. Les hommes libres se crurent heureux sans doute en devenant propriétaires, malgré la réversion de leurs campagnes en cas de
mort sans enfants légitimes. » Il termine, il est vrai, cette
apologie de la mainmorte par des vœux pour l'abolition de
l'esclavage des noirs dans les colonies. « Il ne reste plus de
vœux à former que pour l'abolition de la monstrueuse servitude qui excite tant de gémissements dans nos colonies.
Comment la France, cette nation éclairée dont l'humanité
est devenue le cri général, voit-elle encore sans émotion
une multitude d'hommes avilis, et dont l'état doit plus tou-
cher des cœurs sensibles que l'esclavage même des Ro-
mains ? »

Quand on compare ce langage à celui de M. de Clermont-
Tonnerre, faisant ressortir si énergiquement tous les maux
qu'entraînait la mainmorte, on est surpris du bizarre et pi-
quant contraste qu'offrent l'abbé et le religieux. On voit, en
effet, les idées de progrès représentées par un prélat, grand
seigneur éclairé, mais sans réputation de savoir, qui devait,
quelques années plus tard, émigrer et mourir en exil; celles
de routine, de conservation outrée, comme on dit de nos
jours, développées et soutenues au contraire par un moine
savant, d'origine quasi-mainmortable, qui allait prêter serment à la constitution civile du clergé, remplir sous le con-
sulat et l'empire les importantes fonctions de vicaire général
du diocèse de Besançon et finir ses jours à la tête du chapitre métropolitain. On pourrait être tenté de croire que
l'abbé de Luxeuil a assombri à dessein le tableau qu'il trace,
dans sa requête, de l'état de la malheureuse population de
la terre abbatiale, afin d'obtenir une augmentation de revenus par la réunion du prieuré de Fontaine. Il n'en est
rien, et il faut reconnaître que la peinture qu'il fait de la
mainmorte est tout à fait semblable à celle que nous donnent,
avec des expressions qui varient selon les temps, mais au
fond sont toujours les mêmes, les nombreux affranchissements octroyés dans le bailliage d'Amont, du quatorzième

au dix-huitième siècle. Enfin la réunion du prieuré de Fontaine n'était qu'un moyen mis en avant pour parvenir à l'affranchissement projeté, affranchissement que, comme usufruitier bénéficiaire, l'abbé ne pouvait accorder gratuitement. Il est donc impossible de ne pas admettre que dans cette affaire la question d'humanité l'emportait de beaucoup sur tous les mobiles d'intérêt personnel.

Quoi qu'il en soit, qu'on l'attribue aux réclamations du prieuré de Fontaine ou à celles des religieux de Luxeuil, l'insuccès de la première démarche de M. de Clermont-Tonnerre fut complet, si complet que, bien que Necker eût réussi quelque temps après son entrée au ministère à se débarrasser des influences qui avaient renversé Turgot, et à reprendre l'œuvre de son prédécesseur, qu'il dût par conséquent partager les mêmes sentiments sur l'opportunité de l'affranchissement de la terre de Luxeuil, on n'eut pourtant plus de nouvelles de la requête de 1775, et les tentatives faites pour la retrouver dans les bureaux ministériels, ainsi que les avis et les pièces justificatives qui l'accompagnaient, restèrent infructueuses.

Cependant, quand parut l'Édit du mois d'août 1779 portant suppression du droit de mainmorte et de servitude dans les domaines du roi et dans toutes les seigneuries tenues par engagement et abolition générale du droit de suite sur les serfs et mainmortables, l'abbé de Luxeuil, plein de confiance dans le langage royal qui, en certains passages, reproduisait presque textuellement les expressions de sa requête, reprit quelque espoir d'affranchir les sujets de sa terre. Mais il avait encore compté sans l'opposition du parlement de Besançon qui, peuplé de conseillers partageant les idées de dom Grappin, retarda tant qu'il put l'enregistrement de l'Édit de 1779, afin de mettre obstacle aux affranchissements, et paralysa ainsi les généreuses intentions qu'avait pu exciter dans le cœur des seigneurs franc-comtois l'initiative de Louis XVI. M. de Clermont-Tonnerre fut donc obligé d'adresser de nouvelles requêtes au Roi sur cette affaire. Nous n'avons pas celle qu'il envoya probablement vers 1781. Une lettre ministérielle signée de M. de Bonnaire de Forge, et datée du 17 juin 1783, indique seulement qu'elle fut retournée à l'intendant pour avis et instruction (1). Elle resta sans résultat, puisque dans une troisième supplique qui paraît être de 1785, l'abbé, après avoir fait l'historique de ses démarches antérieures, expose la situation dans laquelle le placent, d'un côté, les déclarations de l'Édit de 1779 et, de l'autre, la résistance du Parlement. « L'accueil que toutes les cours souveraines, dit-il, ont fait à cet édit ne permettait pas au suppliant de soupçonner que le Parlement de Besançon pût avoir des motifs pour en suspendre l'enregistrement, dont le retard ne pouvait manquer d'alarmer la confiance des communautés avec lesquelles il aurait pu traiter suivant les formes ordinaires. Dans cette position, l'abbé de Luxeuil, animé par l'invitation que Sa Majesté avait bien voulu faire par l'édit de 1779 à tous les seigneurs, même ecclésiastiques, de se conformer à ses intentions bienfaisantes, a cru pouvoir obtenir et devoir solliciter un arrêt particulier du conseil qui l'autorisât à traiter comme il le jugerait à propos, sans s'écarter cependant de l'esprit de l'édit, avec les communautés de sa terre qui voudraient profiter de sa bonne volonté pour leur affranchissement ; il a, en conséquence, présenté une nouvelle requête qui a été renvoyée à l'intendant de Franche-Comté pour avoir son avis et adressée par celui-ci à son subdélégué du ressort pour avoir les éclaircissements qu'il avait jugés nécessaires. Le subdélégué de Vesoul voulant s'assurer du vœu des communautés les a fait citer par devant lui. Quinze de celles où l'abbé de Luxeuil est seigneur haut-justicier territorial et en généralité de mainmorte ont comparu par des députés fondés de pouvoirs, qui ont représenté de leur part que les droits de lods et ventes méconnus dans la mainmorte particulière de la terre de Luxeuil leur répugnaient beaucoup ; que le cens par journal en sus des prestations seigneuriales dont elles sont déjà grevées leur paraissait une surcharge dont elles désiraient se rédimer, et ont offert un équivalent par des cessions de portions de champs, de pré ou de bois à la convenance de leur seigneur pour l'affranchissement de leurs fonds ; mais à l'égard de celui

(1) *Archives de la Haute-Saône*, C, 42.

de leurs personnes, qu'ils connaissaient ne pouvoir tenir que de sa libre et pure grâce et volonté, ils sentaient leur insuffisance pour y mettre un prix proportionné ; qu'ils osaient cependant espérer de sa générosité et de ses bontés qu'ils éprouvaient depuis si longtemps, qu'il voudrait bien se contenter d'une somme de 60 livres par feu et ménage une fois payée. Les députés de ces communautés n'ignoraient point que les habitants du seul village de Genevrey, près de Luxeuil, avaient payé leur affranchissement cinquante mille livres, que ceux de Bourguignon avaient payé le leur quarante mille livres et deux autres villages de la terre de Luxeuil vingt-huit mille livres ; ils rendaient à leur seigneur la justice d'être convaincus que le désir qu'il avait toujours témoigné de leur procurer leur affranchissement n'avait jamais été un prétexte pour s'approprier une somme d'argent de quelque importance ; que leur bonheur et leur bien-être étaient tout ce qui le touchait et ils ne se trompaient pas. Le subdélégué de Vesoul dressa un procès-verbal de leurs offres et soumissions qu'il envoya à l'abbé de Luxeuil pour lui être communiquées et acceptées s'il les approuvait.

« L'abbé de Clermont-Tonnerre, quoiqu'il n'aperçût dans la masse des sommes qui lui étaient offertes qu'une assez mince partie de celle qu'il a employée et emploie journellement aux réparations immenses de son abbaye, n'hésita pas de ratifier et accepter les propositions. Le tout a été envoyé à M. de Saint-Ange, intendant de Franche-Comté, par son subdélégué avec son avis dès le mois d'octobre 1784. L'abbé de Clermont-Tonnerre depuis cette époque sollicite et fait solliciter la conclusion de cette affaire soit auprès de M. l'intendant, soit auprès de M. de Forge, et voit avec une vive douleur un si long retard aux succès de ses vœux pour le bonheur des habitants de sa terre qu'il a à cœur depuis plus de trente ans ; ce motif lui donne l'espérance qu'il ne sera pas plus malheureux qu'un autre. M. de Forge désirait l'avis de M. l'intendant et celui du Grand-Maître des Eaux et Forêts. M. de Saint-Ange a entre les mains tous les éclaircissements qu'il peut désirer. M. de Marigny, grand-maître des Eaux et Forêts, n'est dans le cas de donner le sien que lorsqu'il s'agira de recourir au conseil pour obtenir une coupe de bois en faveur des communautés qui n'auront pas des portions de champs ou de pré dont elles puissent se détacher ; il y en a très peu qui aient besoin de cette ressource. Toutes ces formalités, d'ailleurs, ne paraissent pas bien nécessaires dans les circonstances ; il s'agit de suppléer au défaut d'enregistrement de l'édit de 1779 au Parlement de Besançou par un arrêt particulier du conseil, qui ne sera que l'exécution de l'édit de 1779 et une interprétation confirmative des intentions de Sa Majesté en faveur de l'abbé de Luxeuil et des habitants de cette terre (1). » Au bas de ce mémoire, qui semble être l'œuvre de quelque avocat de Paris ou de Besançon, se trouvent les lignes suivantes écrites de la main même de M. de Clermont-Tonnerre : « l'arrêt particulier que l'abbé de Luxeuil sollicite a pour objet la confirmation du droit qui lui a été réservé par le traité de 1534 (cédant la souveraineté de la terre abbatiale à l'empereur Charles-Quint, comte de Bourgogne) de traiter avec les sujets de sa terre de la mainmorte et formariage. Le traité est joint aux pièces qui sont entre les mains de M. de Saint-Ange. On en joint ici l'extrait à cet effet. La mainmorte de la terre de Luxeuil étant différente de celle de la province, l'extinction projetée semble exiger une autorisation particulière. »

Ainsi il ne s'agissait plus de la part de l'abbé de Luxeuil de pouvoir affranchir à titre gratuit les vingt-trois communautés mainmortables en comblant par l'union du prieuré de Fontaine le déficit qu'aurait produit dans les revenus de l'abbaye la suppression de la mainmorte. Ce moyen, qui paraissait cependant d'une exécution si facile, avait dû être abandonné devant les résistances du ministre de la feuille des bénéfices et des religieux de Luxeuil. M. de Clermont-Tonnerre se contentait maintenant de demander l'autorisation générale de traiter avec l'universalité des quinze communautés qui consentaient à se libérer soit par la cession ou la vente d'une partie de leurs bois communaux, soit par celle d'une partie de leur bois mis en réserve ou de l'excédant de leurs coupes annuelles, en obtenant à cet effet toutes permissions et tous arrêts nécessaires. Mais cette re-

<hr>

(1) *Archives de la Haute-Saône*, C, 42.

quête ne devait pas plus atteindre son but que celles adressées précédemment en 1775 et 1781, et la Révolution de 1789 vint affranchir *ipso facto* les sujets de la terre de Luxeuil avant que l'intendant et le Ministère eussent pu se mettre d'accord sur les conditions à remplir pour parvenir à l'abolition sollicitée. Il nous reste à suivre le projet de M. de Clermont-Tonnerre dans les derniers méandres administratifs où il allait s'engager.

IV

On n'a pas oublié que la mainmorte de la terre de Luxeuil avait un caractère particulier. Contrairement à celle du reste de la province, elle était, si l'on peut se servir de cette expression, plus douce pour les personnes que pour les choses. Si le désaveu était prohibé, d'un autre côté, l'abbé était, en vertu du traité de 1534, maître d'affranchir les personnes au prix qu'il lui plaisait de fixer ; ce droit faisait en quelque sorte partie de l'usufruit de la Mense abbatiale, et il ne faisait que l'exercer dans toute sa plénitude en réclamant pour le prix de l'affranchissement personnel la somme de 60 livres par feu et ménage une fois payée. La difficulté ne portait pas sur l'affranchissement des personnes, mais sur celui des biens. On ne pouvait, sur ce point, suivre les règles tracées par l'édit de 1779, qui, par suite du défaut d'enregistrement au Parlement de Besançon, n'était pas exécutoire en Franche-Comté. D'ailleurs, cet édit proposait le remplacement de la mainmorte réelle par des droits de lods et vente qui, n'ayant jamais existé dans la terre de Luxeuil, étaient repoussés par presque toutes les communautés. Pour parvenir à l'affranchissement réel par cession de fonds, vente de quarts en réserve, etc., il fallait nécessairement une double autorisation : aux communautés, afin de pouvoir aliéner ; à l'abbé, pour renoncer à des droits réels faisant partie du capital du bénéfice. M. de Caumartin de Saint-Ange étudia minutieusement ces questions et transmit dans les derniers jours de décembre 1787 le volu-

mineux dossier de cette affaire au ministre (1). Celui-ci ne
se pressa pas d'en prendre connaissance, car M. de Clermont-Tonnerre ayant demandé dans ses bureaux des renseignements sur la suite donnée à son projet, il lui fut
répondu, au mois de février 1788, que l'Intendant n'avait pas
encore donné son avis, défaite plus ou moins habile. Nouvelles démarches de la part de M. de Clermont-Tonnerre
auprès de l'Intendant qui, en homme initié aux réticences
et aux faux-fuyants du langage administratif, récrivit le
25 avril au ministère : « Le temps que l'importance de l'affaire et sa délicatesse vous auront fait désirer de prendre
pour la voir est peut-être la seule cause de cette réponse (à
M. de Clermont-Tonnerre). Ma lettre et les pièces formaient
un volume trop considérable pour que le paquet se soit
égaré à la poste; mais, dans ce cas, je vous prie de vouloir
bien faire une autre réponse, pour éviter toute contradiction
entre votre langage et le mien, lors des nouvelles démarches
que l'on ne manquera pas de faire incessamment près de
vous de la part de M. de Clermont, d'après la nouvelle
assurance que je viens de lui donner du renvoi que je vous
ai fait de cette affaire (2). »

M. de Bonnaire de Forges comprenant, en effet, tout
l'avantage de mettre son langage d'accord avec celui de l'Intendant, répondit aussitôt (2 mai 1788) :

« J'ai reçu dans son temps, monsieur et cher confrère,
votre avis et les pièces qui y étaient jointes sur la demande
de M. l'abbé de Clermont-Tonnerre, concernant l'affranchissement de la mainmorte dans les terres de son abbaye
de Luxeuil. L'importance et la délicatesse de l'affaire ont
exigé du temps pour l'examiner. Les circonstances actuelles
mettent, d'ailleurs, beaucoup de retard dans la décision des
affaires particulières. Cependant, monsieur, je me propose
de me faire rendre compte incessamment de celle de
M. l'abbé de Clermont-Tounerre et de prendre la décision
du conseil sur cet objet (3). »

Quoi qu'il en fût des intentions de M. de Bonnaire de

---

(1) *Archives de la Haute-Saône*, C, 42.
(2) *Ibid.*
(3) *Ibid.*

Forges à l'endroit du projet de l'abbé de Luxeuil, elles restèrent stériles, et *les circonstances actuelles* auxquelles il faisait allusion dans sa lettre amenèrent bientôt des événements qui devaient rendre inutile toute décision ultérieure du Conseil d'État. L'annonce de la prochaine convocation des États Généraux, réunis surtout pour résoudre définitivement toutes les questions relatives au régime féodal encore pendantes, fit, peut-être, ajourner l'examen de la requête de M. de Clermont-Tonnerre. Celui-ci, pourtant, malgré tous les obstacles que lui opposait la bureaucratie, ne se décourageait pas. Non content de multiplier les démarches à Versailles, il chercha, puisqu'il ne pouvait parvenir à un affranchissement général, à conclure avec des communautés désireuses de se libérer de la mainmorte des traités particuliers. Dès le 26 novembre 1782, on le voit s'entendre à cet effet avec les habitants de Saint-Valbert, et par une transaction passée par-devant maître Vallot, notaire à Luxeuil, il les affranchit de la mainmorte réelle et personnelle, des corvées de faux et de voitures de bois ainsi que d'une redevance d'une poule à carnaval due par chaque feu et ménage, moyennant la somme de 6000 livres, que les habitants devaient prendre sur les premiers deniers à provenir de la vente de leur quart en réserve, et la cession d'un fonds d'un produit annuel de 15 à 18 livres tournois, pour être réuni au bénéfice. Mais ce traité particulier ne pouvait être mis à exécution qu'avec l'autorisation royale. Ce ne fut que le 18 février 1789 que l'Intendant transmit au ministre son avis sur cet objet, ainsi motivé : « C'est, d'une part, un bénéficier qui aliène des droits immobiliers de son bénéfice, et de l'autre, une communauté qui fait l'acquisition de ces droits. Cela ne peut se faire que de l'autorité du roi (édit du mois d'août 1749). Il est défendu aux communautés d'acquérir aucuns biens fonds ou droits réels, même à titre d'échange, sans en avoir obtenu la permission du roi par lettres patentes ; d'ailleurs, le roi est le protecteur des églises du royaume et le conservateur des biens ecclésiastiques » (déclaration du roi du 12 février 1661. Fleury, *Introduction au droit ecclésiastique*, 2e partie, chap. XII. Baudet, tome II, livre V, chap. XXXIII). Cet avis se terminait par l'ordonnance suivante : « Vu la présente requête et le traité y mentionné : Tout considéré, nous Intendant déclarons que l'arrangement dont il s'agit ne peut être consommé que de l'agrément du roy. Fait à Besançon le 18 février 1789. Signé : Caumartin de Saint-Ange (1). » Le 14 avril suivant, M. de Bonnaire de Forges demandait à l'Intendant une copie du traité du 26 novembre 1782 et de nouvelles observations. Nous ne savons pas si elles furent envoyées et si l'homologation royale put être obtenue avant le 4 août 1789.

Il en fut de même pour deux autres traités passés : le premier, le 15 septembre 1788, avec les habitants de Froideconche (2) ; et le second, le 28 septembre suivant, avec ceux d'Esboz-Brest (3). L'Intendant rendit sur les deux, le 18 février 1789, une ordonnance qui les soumettait à l'approbation royale. M. de Bonnaire de Forges, comme dans l'affaire précédente, demanda des copies des traités et de nouveaux renseignements. D'après ces projets, les habitants de Froideconche étaient affranchis : 1° « de la mainmorte personnelle, moyennant une somme de mille livres, qui devait être employée à payer une partie de la dépense considérable d'un bâtiment construit par l'abbaye à cause de l'élargissement de la grande rue de Luxeuil ordonné par l'Intendant » ; 2° « de la mainmorte réelle, moyennant un cens annuel et perpétuel d'un sou par journal des biens-fonds, champs et prés qui étaient affectés de cette mainmorte, lequel cens ne portera aucun droit de lods, vente, ni retenue » ; 3° « des tailles, redevances et cens dont on évalue en bloc le revenu à environ 160 livres, y compris les corvées ci-après, moyennant l'abandon et cession faite par les habitants au profit de l'abbaye d'un canton de champ et pré d'environ 18 journaux à eux appartenant sur le territoire de Saint-Valbert, appelé le pré Igney, du revenu annuel de 36 livres, susceptible de quelque augmentation » ; 4° « des charrois et corvées, moyennant la faculté perpétuelle accordée par les habitants à M. l'abbé d'élargir le canal de la prairie *d'Avant*, pour amener assez d'eau pour

---

(1) *Archives de la Haute-Saône*, C, 45.
(2) *Ibid.*, C, 40.
(3) *Ibid.*, C, 40.

l'irrigation des prés, à condition que les habitants pourront faire pâturer leur bétail en terre vide sur les héritages de la Grange-Barrau, en considération de quoi ils sont chargés d'indemniser tous les possesseurs de prés sur lesquels le canal sera élargi ».

Les habitants d'Esboz-Brest étaient libérés : 1° « de la mainmorte personnelle, moyennant la somme de mille livres pour être employée de la même manière que celle provenant de l'affranchissement de Froideconche » ; 2° « de la mainmorte réelle, moyennant le paiement d'un cens annuel et perpétuel d'un sou par journal de tous les biens-fonds, champs, prés et étangs qui étaient de mainmorte, lequel cens se paiera après l'homologation du traité et ne portera aucun droit de lods ni de retenue qui n'ont point lieu dans cette mainmorte ; ledit cens estimé à 50 livres par an » ; 3° « d'un cens ou dîme seigneuriale de 14 gerbes l'une et de pareille quantité de masses de chanvre sur la plus grande partie du territoire, et de 22 l'une sur une autre dont le produit total est annoncé se porter à environ 1,000 livres, d'une taille de 16 livres, 13 sols, 4 deniers, d'une prestation en poules évaluée à 50 livres, de corvées à bras évaluées à 60 livres, moyennant la somme de 36,000 livres payable dans quatre années après la confirmation du traité par lettres patentes, de laquelle époque les intérêts courront au profit du seigneur abbé, laquelle somme sera employée au profit du bénéfice ».

Mais, comme nous l'avons dit, l'abbé de Clermont-Tonnerre ne semble pas avoir été plus heureux dans ses tentatives d'affranchissements particuliers que dans son projet de libération générale, et ce fut l'Assemblée nationale qui, dans une nuit mémorable, acheva l'œuvre que la royauté, malgré ses bonnes intentions, n'avait pas eu la force de mener à bonne fin. Que ressort-il, en effet, des documents divers que nous venons d'analyser, si ce n'est l'impuissance de la monarchie devant les oppositions qu'elle rencontra dans les parlements, dans une certaine classe du clergé et jusque dans les bureaux de ses ministres, lorsqu'elle voulut marcher en avant et, pour cela, faire disparaître toutes ces institutions surannées, enchevêtrées les unes dans les autres et dont l'existence était si étroitement liée à la sienne, que le contre-coup de leur brusque suppression entraîna fatalement sa chute. Et cependant, cette suppression radicale n'était-elle pas nécessaire ? En admettant pour un instant qu'il n'y eût point eu en 1788 d'embarras financiers ; que partant on n'eût pas été contraint de convoquer les Assemblées des Notables et plus tard les États-Généraux ; enfin que la révolution de 1789 n'eût pas éclaté et que l'ancien régime eût subsisté avec un prince comme Louis XVI, dont il est impossible de méconnaître les sentiments libéraux et les intentions généreuses, qui avait prouvé en promulguant l'édit de 1779 qu'il condamnait en principe la mainmorte ; ce n'eût pas été cependant avant quarante ans que dans de telles conditions, avec les lenteurs et les atermoiements de l'administration, les sujets de la terre de Luxeuil eussent été affranchis. En outre, l'abolition de la mainmorte n'eût certes pas été gratuite, les impositions établies sous une forme quelconque à cet effet seraient peut-être encore payées à l'heure actuelle. On objectera, il est vrai, que la Franche-Comté ayant été tardivement réunie à la couronne pouvait être comptée parmi les provinces les plus arriérées, où émergeaient encore, comme de sinistres épaves, les débris des institutions les plus barbares de la féodalité. Cependant, si la mainmorte personnelle avait en partie disparu des autres contrées de la France, le pays tout entier n'en restait pas moins couvert d'un réseau tellement inextricable de droits seigneuriaux, que pour l'en débarrasser il fallait une de ces mesures violentes, injustes même, car beaucoup de ces droits pouvaient être considérés comme des démembrements de la propriété la plus légitime, mais que l'histoire juge nécessaire, à une certaine heure de la vie d'un peuple, pour permettre le développement de l'agriculture, de la richesse et de la prospérité publiques.

JULES FINOT,
Archiviste de la Haute-Saône.

PIÈCES JUSTIFICATIVES

I

Lettre de M. de Saint-Germain, ministre de la guerre, qui avait l'administration de la Franche-Comté dans son département, au sujet du projet d'abolition de la mainmorte par l'abbé de Luxeuil, adressée à M. de Lacoré, intendant à Besançon (4 octobre 1776).

(Archives de la Haute-Saône, C, 42.)

II

Requête présentée au Conseil d'État au nom de Messire Louis-Ainard de Clermont-Tonnerre, abbé commendataire de l'abbaye de Luxeuil, pour demander l'affranchissement des mainmortables de la terre de l'abbaye (1775) (1).

(Archives de la Haute-Saône, C, 223.)

Sur la requête présentée au roi étant en son conseil par Louis-Ainard de Clermont-Tonnerre, abbé commendataire de l'abbaye de Luxeuil en Franche-Comté, contenant qu'entre autres droits appartenant à l'abbaye de Luxeuil et faisant partie de ses biens et revenus, elle a toujours joui et continué de jouir de celui de la mainmorte personnelle et réelle qui affecte tout à la fois les personnes et les biens, que ce droit frappe tous les habitants de vingt-quatre villages considérés comme autant de serfs dans un État libre où il ne devrait pas y en avoir, est néanmoins tel : 1° qu'il n'est permis à aucun sujet mainmortable de se marier hors de la terre, et à gens d'autre condition sans le consentement exprès du seigneur abbé ; 2° qu'il ne peut s'affranchir par

---

(1) Cette requête est celle dont il est question dans la lettre de M. de Saint-Germain à l'Intendant.

désaveu, mais seulement par la pure grâce et bienfaisance du seigneur ; 3° qu'il ne lui est aucunement permis de sortir de la terre pour aller résider et s'établir ailleurs, que de l'exprès consentement du seigneur ; 4° que l'ascendant n'hérite pas du descendant, la succession étant dévolue au seigneur ; 5° que les sujets mainmortables ne peuvent vendre ni même hypothéquer leurs biens sans le consentement du seigneur, à moins qu'ils n'aient des enfants vivants nés en légitime mariage et que la vente soit faite à gens de la même terre et de même condition, les étrangers ne pouvant y acquérir, ni posséder des biens sans le consentement du seigneur, à peine dans tous ces cas de la commise à son profit contre les contrevenants ; que ces droits qui tiennent si fort de la servitude et de l'esclavage ont pris naissance dans des siècles d'ignorance et de barbarie ; qu'à ces époques ils pouvaient être envisagés sous un point de vue de nécessité et d'utilité pour les seigneurs puissants qui, se croyant indépendants, exerçaient par là sur leurs hommes et sujets une autorité usurpée sur celle du souverain, la seule légitime, et ne connaissaient d'autre loi que leur volonté ; mais que la France sortie de ces siècles de ténèbres, de trouble et de divisions, vit enfin naître le calme et l'autorité ramenée à sa véritable source ; que les premiers rayons de lumière et de tranquillité ayant bientôt fait connaître tous les inconvénients qui résultaient de la mainmorte et tous les maux qu'elle occasionnait, les rois, plus jaloux de régner sur des hommes libres que sur un peuple d'esclaves, ne balancèrent pas à proscrire cette servitude odieuse ; qu'ils firent successivement promulguer ces lois si sages et si précieuses à l'humanité de 1145, 1315 et 1553 par lesquelles ils abolirent entièrement la mainmorte dans leurs propres domaines, invitèrent d'abord et ensuite ordonnèrent aux seigneurs d'en faire de même dans leurs terres, que cet exemple des souverains fut suivi par presque tous les seigneurs, en sorte que l'abolition de la servitude de mainmorte, ou sa commutation en droits, redevances ou charges réelles sur les héritages des mainmortables, furent presque générales dans tout le royaume, et qu'il n'en reste pour ainsi dire plus de vestiges que dans les provinces qui, à l'époque de ces abolitions, n'étaient pas soumises à la France ; que de ce nombre sont celles des duché et comté de Bourgogne où plusieurs habitants languissent et gémissent tout à la fois encore sous le poids de cette honteuse servitude ; que néanmoins depuis plusieurs années il s'est opéré beaucoup d'affranchissements ; que nombre de villages de Franche-Comté se sont rédimés de la mainmorte à prix d'argent provenant de la vente des quarts en réserve de leur bois ; mais que plus le nombre de cette espèce de serfs diminue, plus le joug de la servitude devient nuisible, humiliant et insupportable à ceux qui vivent sous ce joug ; que telle est aujourd'hui la malheureuse position des habitants des villages et hameaux dépendants de Luxeuil : que depuis trente années que le suppliant est pourvu de cette abbaye, il n'y a vu que des hommes lourds, indolents, découragés et abattus, des terres incultes, une culture absolument négligée, nul commerce, point d'émulation et une apathie générale, tandis que les habitants des villages libres, leurs voisins, sont vifs, actifs, laborieux ; que leurs terres bien cultivées rendent d'abondantes récoltes, qu'on y voit de belles prairies, des nourritures considérables de bestiaux et des engrais et aucun terrain inculte, que ce contraste entre les habitants du même pays ne provient que de ce que les uns, réduits à une espèce d'esclavage et n'ayant qu'une existence et une jouissance précaires, un simple usufruit de leurs fonds, bornent tous leurs travaux à leurs besoins présents dans lesquels ils sont concentrés par l'impuissance où ils sont de disposer de leurs biens et l'incertitude de pouvoir les transmettre à leurs héritiers, au lieu que les autres, vrais propriétaires, avec la libre disposition de leurs fortunes, travaillant non seulement pour eux, mais pour leurs familles, ne mettent d'autres bornes à leurs travaux que celles qu'exige le repos du corps ; que la mainmorte est donc dès lors tout à la fois destructive de l'agriculture, de la main-d'œuvre et du commerce ; qu'elle est révoltante pour l'humanité, qu'elle anéantit en quelque sorte l'existence humaine ; qu'en réduisant une partie des sujets de Sa Majesté dans un royaume libre à une sorte d'esclavage insupportable, elle les humilie, les abat et les rend en quelque sorte incapables de tous actes, qu'elle est un obstacle aux mariages et tend à la dépopulation; soit parce que ceux qui languissent sous ce joug ne sont pas portés à reproduire leurs races d'esclaves, soit par des émigrations de ces habitants fatigués de la servitude dans laquelle ils gémissent, en sorte qu'on peut regarder la mainmorte comme un fléau de l'État ; que les seigneurs mêmes dans les terres desquels cette servitude existe encore perdent beaucoup plus par le défaut de culture des terres du territoire de leurs seigneuries qu'ils ne gagnent par les échutes, les reversions et autres casuels attachés au droit de mainmorte; que les successions sont spoliées; que les mainmortables qui n'ont qu'une vie misérable à regretter et qui n'ont rien à perdre se portent à toutes sortes d'extrémités; que la mainmorte est une source aussi abondante que continuelle de procès et de contestations, aussi à charge, aussi dispendieuses et aussi ruineuses pour les seigneurs, que pour leurs sujets mainmortables; que c'est d'après l'expérience que le suppliant, témoin de tous les inconvénients sans nombre qui résultent de la mainmorte, et ayant on ne peut plus à cœur de pouvoir concourir aux vues de bien public qui animent Sa Majesté et ses Ministres, a cru devoir proposer l'extinction et l'abolition de la servitude de mainmorte dans tous les villages dépendants de son abbaye de Luxeuil et de la mense abbatiale sous la réserve des droits de taille, cens, redevance et autres qui continueront d'être perçus comme par le passé ;..... qu'il avait pensé que plusieurs communautés d'habitants mainmortables étant venues à bout de se redimer de cette servitude avec les sommes qu'ils ont retirées de la vente des quarts en réserve de leurs bois, ceux dépendants de l'abbaye de Luxeuil pourraient se procurer cette ressource et payer entre eux avec le produit de la vente de leurs bois la somme de deux cent mille livres à quoi peut être arbitrée la valeur du fonds des revenus des droits de la mainmorte, laquelle somme de deux cent mille livres aurait été placée en rentes de l'espèce de celles qu'il est permis aux gens de mainmorte d'acquérir d'après l'édit de 1749 pour remplacer par l'intérêt de cette somme le produit que perdrait le bénéfice et faire en sorte qu'il n'éprouvât aucune diminution. Mais le suppliant, d'après les éclaircissements qu'il a pris relativement à ces objets d'indemnité, a été instruit que plusieurs des communautés qu'il s'agit d'affranchir ayant eu des besoins avaient déjà disposé de leurs quarts en réserve en sorte qu'elles ne pourraient se promettre de secours assez prompts de ce côté-là; que quant aux autres dont les réserves n'étaient pas vendues, si elles en employaient le prix à leur affranchissement de la mainmorte, elles n'auraient plus de ressources pour pouvoir faire face à leurs besoins à venir et aux cas de reconstruction et réparations communes qui pourraient survenir ; que dans cet état le moyen qui a paru au suppliant le plus praticable pour indemniser l'abbaye et remplacer les revenus qu'elle perdra par l'abolition de la mainmorte, c'est la réunion du prieuré de Fontaine qui était anciennement uni à l'abbaye de Luxeuil et en faisait partie ; que cette réunion facile à faire, en rendant l'affranchissement de la mainmorte purement gratuit pour les habitants, n'opérera aucune diminution des revenus du bénéfice qui se trouveront remplacés par ceux du prieuré qui y sont réunis, que d'ailleurs ce bénéfice ne fera que retourner à sa source primitive, ayant fait autrefois partie de l'abbaye de Luxeuil ; que c'est dans ces circonstances que le suppliant a été conseillé de se pourvoir.

A ces causes requérait le suppliant qu'il plût à Sa Majesté ordonner que, de son consentement, la mainmorte à laquelle sont soumis les habitants des villages dépendants de l'abbaye de Luxeuil et de la Mense abbatiale, sera et demeurera éteinte et supprimée. Ce faisant que lesdits habitants pourront par la suite se marier hors des terres de ladite abbaye et à telles personnes qu'ils jugeront à propos, qu'ils pourront sortir d'icelles et aller s'établir partout où bon leur semblera, vendre et disposer de leurs biens en faveur de qui ils voudront, sans le consentement du seigneur et sans qu'il puisse y avoir lieu à la commise ; et qu'enfin ils jouiront de tous les droits, franchises et libertés dont jouissent tous les autres habitants des villes, bourgs et villages non mainmortables, à la charge néanmoins par lesdits habitants affranchis de payer les autres droits, cens, rentes et redevances dus à ladite abbaye et accoutumés; et pour tenir lieu à ladite abbaye de l'indemnité qu'elle est dans le cas de prétendre pour raison de la diminution que l'affranchissement de la mainmorte occasionnera dans ses revenus et en remplacement tant du principal, que desdits revenus de ladite mainmorte, ordonner que le prieuré de Fontaine, qui était cy-devant uni et faisait partie de ladite abbaye, y sera et demeurera réuni à perpétuité sans pouvoir en être désuni, attendu qu'il sera représentatif de l'affranchissement de ladite mainmorte qui n'aurait pas eu lieu sans la susdite réunion pour servir de remplacement de la diminution des revenus qu'éprouvera ladite abbaye par la susdite abolition de la mainmorte. Comme aussi, et attendu qu'il y a actuellement un titulaire dudit prieuré, qui en jouit, et que la réunion qui serait ordonnée ne peut s'effectuer sur-le-champ, qu'en donnant à ce titulaire un autre bénéfice de même produit, ordonner qu'en attendant le remplacement ou permutation dudit prieuré de Fontaine, il sera assigné au suppliant et à l'abbaye de Luxeuil une pension annuelle de dix mille livres ou sur tel bénéfice qu'il plaira à Sa Majesté, ou sur les économats ; de laquelle pension le suppliant et ses successeurs jouiront jusqu'à ce que la susdite réunion dudit prieuré de Fontaine à ladite abbaye puisse s'effectuer.

Vu ladite requête, signée : PARENT, avocat au suppliant.

III

Lettre de M. de Lacoré, intendant du comté de Bourgogne, à M. de Saint-Ferjeux, subdélégué à Vesoul, pour lui demander son avis au sujet du projet d'affranchissement de la mainmorte des habitants de la terre de Luxeuil, présenté par l'abbé de Clermont-Tonnerre (1776).

(Archives de la Haute-Saône, C, 223.)

IV

Lettre de M. de Saint-Ferjeux, subdélégué à Vesoul, à l'intendant, au sujet de l'affranchissement de la mainmorte dans la terre de Luxeuil (4 décembre 1776).

(Archives de la Haute-Saône, C, 223.)

Monseigneur,

J'ay vu et examiné avec la plus grande attention la requête

cy-jointe par laquelle Mgr l'abbé de Clermont-Tonnerre, abbé-commendataire de l'abbaye de Luxeuil, demande que le Roy autorise un arrangement tendant à éteindre la mainmorte à laquelle se trouvent sujets les villages dépendants, tant de son abbaye, que de la mense abbatiale.

La peinture des inconvénients attachés, Monseigneur, à la mainmorte, est trop vraie et trop bien fondée dans ladite requête, pour en faire mention de nouveau. Tout ce que j'en dirais icy ne pourrait être que répétition ou affaiblir les entraves, sous lesquelles elle tient asservis les habitants qui ont le malheur de vivre sous ses lois. Les avantages résultant de l'extinction de cette servitude ne sont pas moins énergiquement exposés, et l'on ne peut s'empêcher de convenir que le bien de l'État et celui de l'humanité sont intimement liés à l'accomplissement du projet de M. l'abbé de Clermont-Tonnerre.

En effet, Monseigneur, comme lors du dénombrement, fait en 1771, l'on comptait dans les 23 villages en mainmorte, formant l'arrondissement de la terre de Luxeuil, 8936 habitants, ce serait autant d'heureux que le Roy ferait en prononçant conformément aux conclusions de la requête cy-jointe. Cet affranchissement gratuit, en rendant la liberté à une foule de sujets avilis par la servitude, les pénétrerait d'une reconnaissance aussi durable, que cet acte de bienfaisance serait avantageux. Pour en étendre les effets et faire encore un plus grand nombre d'heureux, il conviendrait et serait nécessaire que le même acte du prince contînt l'affranchissement des sujets mainmortables dépendants du prieuré de Fontaine, afin que ce bénéfice une fois réuni à l'abbaye de Luxeuil, son ancienne mère, les habitants de certains villages n'aient pas à se plaindre d'être plus maltraités que leurs frères. De cette clause qu'il faudrait, Monseigneur, ajouter aux conclusions de M. l'abbé de Clermont-Tonnerre, il résulterait l'abolition de l'esclavage de 2485 autres particuliers, formant la population des villages de Fontaine, Corbenay, Mailleroncourt et Betoncourt-Saint-Pancras; tous sous la dépendance du prieuré de Fontaine. Ces nouveaux affranchis se réunissant pour lors aux vassaux de la terre de Luxeuil ne cesseraient d'élever leurs vœux au ciel pour la prospérité du Roy.

Si les avantages que ressentiraient les sujets mainmortables affranchis sont inappréciables pour eux, ceux que l'État serait en droit d'attendre de cet acte de bienfaisance méritent la plus grande considération. L'affranchissement en question serait à coup sûr l'époque du rétablissement de l'agriculture dans une partie de la province où elle est le plus négligée ; il tarirait sans retour la foule de contestations et de procès ruineux, existant au détriment du colon et du seigneur ; la population en recevrait dans peu les accroissements les plus certains, l'amour du travail et du commerce devenus plus fructueux, faisant place à la paresse et au découragement (*sic*), enrichirait ces cantons et augmenterait d'autant les ressources de l'État.

L'indemnité que demande M. l'abbé de Tonnerre ne me paraît pas excessive ; les droits fructueux dépendants de l'abbaye de Luxeuil dont il ferait l'abandon peuvent être évalués entre quatre et cinq mille livres de revenus annuels. L'affranchissement des mainmortables du prieuré de Fontaine pourrait opérer une diminution de mille à douze cents livres dans les revenus de ce bénéfice, et comme il peut rapporter six à sept mille livres de rente, je conclus de là que la demande de M. l'abbé de Clermont-Tonnerre est on ne peut plus raisonnable et qu'il a plus à cœur le bien de l'humanité et la cessation des inconvénients inséparables de la servitude, dont il a été très longtemps le témoin, que ses propres intérêts.

La gloire et le bien de l'État, étant également liés à l'acceptation des propositions du suppliant, il y a lieu de croire qu'elles seront agréées par le conseil, d'autant que la réunion du prieuré de Fontaine à l'abbaye de Luxeuil ne nécessitera pas pour cela Sa Majesté à donner dans la suite à une même personne un plus gros revenu ; elle pourra toujours, lors de la nomination à cette abbaye, multiplier les heureux en affectant des pensions sur ladite abbaye.

Enfin la proposition de M. l'abbé de Tonnerre est si avantageuse pour les habitants de la terre de Luxeuil, que quand même, contre toute espèce d'espérance, Sa Majesté ne daignerait pas, par un mouvement de sa générosité ordinaire, y mettre le sceau en acceptant l'universalité de ses conclusions, je serais du moins d'avis qu'on retînt les offres d'affranchissement faites par ladite requête, pour en faire jouir les habitants, à charge par ceux-cy de payer à Mgr l'abbé les 200.000 francs d'indemnité, à quoy il évalue ses différentes cessions. Les villages d'Abelcourt, Ainvelle, Anjeux, Aillon-court, Bassigny, Baudoncourt, Breuches, Briaucourt, Esboz-Brest, Ehuns, Froideconche, La Chapelle, la Pisseure, Neurey-en-Vaux, Ormoiche, Pomoy, Saint-Bresson, Saint-Sauveur, Saint-Valbert, Vellemenfroy, Villers et Visoncourt préfére-raient certainement de se cotiser pour ladite indemnité, à rester sous le poids de la servitude et par le moyen de la vente de leurs réserves pour les communautés qui en ont ou de la vente de leurs assiettes en usance pour les communautés qui ont disposé de leurs réserves, elles parviendraient dans moins de quatre ans à payer ladite indemnité et à se tirer de l'escla-vage où elles sont plongées.

Je suis avec, etc.

Miroudot de Saint-Ferjeux.

V

Consultation non signée au sujet de l'affranchissement de la main-morte dans la terre de Luxeuil et de l'union du prieuré de Fontaine.

(Archives de la Haute-Saône, C, 223.)

Question de savoir si un abbé commendataire dans la pro-vince de Franche-Comté, qui possède plusieurs terres en géné-ralité de mainmorte, peut affranchir ses sujets avec lettres patentes du prince, ainsi que les biens-fonds de ses directes en mainmorte, sous la réserve seulement du droit de consente-ment, lods et la commise, et si le roi peut par indemnité unir au bénéfice de cette commende un autre bénéfice ou com-mende.

M. Dunod, dans son *Traité sur la mainmorte*, pages 230 et 231, est du sentiment que selon l'usage de cette province les bénéficiers peuvent affranchir leurs sujets mainmortables de la macule de mainmorte personnelle et il appuie son sentiment de trois arrêts du parlement de la province, l'un du 15 jan-vier 1624, l'autre de 1640, et le troisième du 14 avril 1730.

Quant à l'affranchissement du bien de mainmorte, cet auteur décide, page 233, que les bénéficiers ne peuvent pas le faire sans cause et sans les formalités prescrites pour les aliénations qui leur sont permises.

Les causes de l'affranchissement dont il s'agit sont la liberté de vendre et de succéder d'une part pour la faveur des sujets ; et d'autre part, en faveur du bénéfice, de multiplier les sujets et les cultivateurs ; de percevoir des lods et droits de consentement aux mutations, tandis que les mainmortables ayant enfants vivants peuvent vendre sans consentements ni lods ; on peut ajouter à ces causes l'utilité et la nécessité publique qui peuvent même suppléer aux formalités (Voyez Dunod, *Traité des prescriptions*, page 20).

Cependant, comme cet affranchissement est un acte de propriété, il semble qu'il est nécessaire pour les formalités d'avoir le consentement du roi comme le protecteur et le conservateur des biens d'église de France ; du moins la chose serait plus en règle (Voyez Dunod, *Traité des prescriptions*, pages 5, 6, 7 et 8). Il paraît donc que la proposition de l'abbé doit être faite aux religieux, et qu'il doit apparaître de leur consentement par délibération capitulaire.

Quant à l'indemnité proposée par l'union d'un autre bénéfice, ce n'est qu'un motif de convenance, et non point véritablement le prix de l'aliénation d'un bien d'église par un autre bien d'église.

Le roi, qui a la nomination des bénéfices royaux, a le droit d'union d'un bénéfice, même d'un autre qui ne serait pas de nomination royale ; du moins, il est en possession de ce droit et on en trouve plusieurs exemples, notamment envers le chapitre de Calmontier. Ce chapitre était en possession de nommer tous les mois aux canonicats ; cette possession fut prouvée et vérifiée par Monseigneur l'archevêque et Messieurs les gens du roi du parlement ; ce chapitre proposa ensuite sa translation à Vesoul, en demanda le consentement au roi et l'union du prieuré de Marteroy qui était de nomination royale. Ces chanoines offrirent à cet effet de céder à Sa Majesté la nomination de leurs canonicats à l'alternative avec eux ; le traité fut fait et approuvé en cette conformité.

Le cas proposé par Monseigneur l'abbé est encore plus favorable puisqu'il ne s'agit que d'une union de bénéfice de nomination royale. Le droit de nomination est un droit réel, également comme celui de l'affranchissement de la mainmorte; il est vrai que le premier est honorifique et en outre lucratif; mais si, à peu de chose près, l'affranchissement indemnise en quelque sorte déjà par l'augmentation de population des cultivateurs, par le produit continuel des lods et droits de consentement beaucoup plus multipliés; l'honorifique reste dans son entier, et ce qu'il y aurait de moindre valeur du lucratif aurait en même temps un motif utile et nécessaire qui est la liberté plus conforme à l'esprit du christianisme que la servitude.

L'abbé et les religieux peuvent donc trouver l'utilité et la nécessité de l'affranchissement et peuvent, pour consolider les formalités, le résoudre dans une délibération en suppliant Sa Majesté d'approuver et de concourir au bien de la chose par l'union des deux bénéfices pour n'en former qu'un; et si d'un côté le roi perd une nomination honorifique, l'abbé et les religieux peuvent, pour l'utilité publique, remettre entre les mains du roi le droit de nomination aux offices de judicature pour être réunis au bailliage royal de Vesoul.

Population des villages dépendants de l'abbaye de Luxeuil et du prieuré de Fontaine.

1. Anjeux	429 hab.	15. Neurey-en-Vaux	276 hab.
2. Ainville	322 —	16. Ormoiche	137 —
3. Abelcourt	286 —	17. Pomoy	444 —
4. Aillioncourt	347 —	18. Saint-Bresson	1342 —
5. Brotte	303 —	19. Saint-Valbert	691 —
6. Bassigney	351 —	20. Vellemenfroy	482 —
7. Briaucourt	472 —	21. Villers	451 —
8. Baudoncourt	520 —	22. Visoncourt	163 —
9. Breuches	478 —	23. Mailleroncourt St-Pancras	524 —
10. Esbœz-Brest	359 —	24. Corbenay	671 —
11. Ehuns	181 —	25. Fontaine	806 —
12. Froideconche	417 —	26. Betoncourt St-Pancr	184 —
13. La Chapelle	252 —	Total	11121 hab.
14. La Pisseure	53 —		

La terre de Luxeuil avait alors une population de 8,936 habitants et les quatre villages relevant du prieuré de Fontaine en comptaient 2,185.

VI

Lettre du sieur Desgranges, homme de loi à Luxeuil, à M. Miroudot de Saint-Ferjeux, subdélégué, qui l'avait consulté au sujet du projet d'affranchissement des habitants de la terre de Luxeuil présenté par l'abbé de Clermont-Tonnerre (1776).

(Archives de la Haute-Saône, C, 223.)

Monsieur,

..... Il est très intéressant pour la terre de Luxeuil de parvenir à un affranchissement, et de remettre dans le commerce des biens aussi considérables. Les villes voisines en vaudront beaucoup mieux parce qu'elles pourront y acheter et améliorer des biens qui périssent en partie parce que le seigneur par faiblesse a livré ses habitants à la voracité de gens d'affaires qui les ont épuisés par les procès, les amendes, etc. ; ce qui les met hors d'état de les faire valoir.

État de la mainmorte dans la terre de Luxeuil (1775).

(Archives de la Haute-Saône, C, 223.)

La mainmorte de la terre de Luxeuil comprend 23 villages, savoir :

Anjeux ;

Ainvelle (M. le conseiller Varin, à cause de Madame Pusel de Boursières, son épouse, a des sujets en mainmorte à Ainvelle avec la plus grande partie des dixmes, l'autre partie cédée au curé par M. l'abbé de Luxeuil pour sa portion congrue).

Abelcourt.

Aillioncourt.

Brotte (Mrs du chapitre de Lure, Mrs de Bithaine ont à Brotte des sujets et des terres mainmortables ; M. Vuilleret et madame de Mailly ont à Brotte chacun un fief relevant de l'abbaye de Luxeuil avec des sujets mainmortables ; l'abbé de Luxeuil y est seul haut-justicier).

Briaucourt.

Baudoncourt (les religieux de Luxeuil ont aussi quelques meix et sujets mainmortables qu'ils prétendent dépendre d'un office claustral avec droits de justice sur lesdits sujets. Mrs Damedor, de Reinach et M. de Sainte-Marie en Chaux ont une seigneurie mainmortable, des maisons, sujets, champs, prés et une partie des dixmes en haute-justice ressortissante au bailliage de Vesoul avec les ruines d'un vieux château).

Breuches (il y a quatre fiefs à Breuches possédés par Mrs de Boursières, Fabert, Desgranges et Brady).

Esboz-Brest.

Ehuns.

Froideconche.

La Chapelle (Mrs de Ste-Marie, de Reinach et Damedor ont les dixmes en partie avec quelques sujets en mainmorte).

La Pisseure.

Neurey-en-Vaux (les Pères Bénédictins de Luxeuil ont la mainmorte, formariages, eschutes et amendes par un traité fait avec M. l'abbé depuis huit à dix ans).

Ormoiche (M. de Ste-Marie y a un fief sans justice, ni sujets).

Saint-Bresson (M. le conseiller Damey a la moitié de la seigneurie avec M. l'abbé de Luxeuil; chacun a des sujets particuliers et quelques-uns sont en commun, tous de mainmorte. La justice de M. Damey ressortit au bailliage de Luxeuil).

Saint-Sauveur (la princesse de Bauffremont comme dame de Faucogney a des maisons et champs à St-Sauveur de sa justice et franchise de Faucogney).

St-Valbert.

Vellemenfroy.

Villers.

Visoncourt.

Tous les villages ci-dessus sont de la terre et seigneurie mainmortable de l'abbaye de Luxeuil dépendants de la haute-justice et bailliage du dit lieu, à l'exception des sujets et des fonds dépendants des seigneurs ci-dessus.

La mainmorte de l'abbaye de Luxeuil a cinq cas particuliers dérogeant à la mainmorte générale de la province, savoir :

L'homme de mainmorte peut vendre, lorsqu'il a enfant

vivant, tous ses fonds et maisons à un homme de ladite terre de mesme condition que luy, sans lods, consentement du seigneur abbé, sans mesme que le seigneur ayt droit de retenue, quoy que les fonds vendus fussent de mainmorte. Le seigneur n'a par conséquent sur tous les fonds de sa terre ny lods, ny consentement, ny commise et il hérite de tous les fonds et meubles de son sujet lorsque ce dernier meurt sans enfants ny parents communiers.

Le repret n'a pas lieu dans la terre de Luxeuil comme dans la mainmorte générale.

Le formariage, c'est-à-dire qu'une fille ne peut se marier hors de la terre de Luxeuil sans le consentement du seigneur ; le prix de ce consentement n'est pas réglé, il est à l'arbitrage du seigneur ; il exige ordinairement selon la valeur des biens de la sujette mainmortable ; il a mesme voulu étendre ce droit sur les hommes de sa terre qui prennent femme hors d'icelle et l'amènent dans la terre. C'est l'abbé Prosjean qui a imaginé cette chicane qu'il n'a osé poursuivre au parlement, les jurisconsultes ayant décidé que le formariage n'est accordé aux seigneurs que pour conserver leurs sujets ; qu'un garçon qui se marie hors de la terre amène avec lui un sujet de plus au seigneur. Le droit est très à charge aux habitantes de la terre de Luxeuil et les prive très souvent de mariages convenables et avantageux.

Le sujet ne peut s'affranchir par désaveu et ne peut être affranchi que par la volonté du seigneur qui n'accorde d'affranchissement qu'à qui il luy plaît et au prix qu'il veut.

La succession communière des ascendants n'a pas lieu, c'est-à-dire qu'un père qui a marié un enfant dans sa communion à qui il a relaché par contract de mariage des fonds ou meubles en avancement d'hoirie, si l'enfant marié meurt sans enfants vivants, le seigneur hérite à l'exclusion du père, grand'père, quoyque communiers ; les frères et les sœurs communiers héritent cependant les uns des autres, cela n'est pas contesté, lorsqu'ils sont restés en communion (ce dernier droit est contesté au seigneur par délibération de tous les villages de la terre de Luxeuil assemblés au fourg rouge à Breuches et il y a procès au parlement).

Par approximation :

Les eschuttes des sujets de tous les villages de la terre de Luxeuil, pour ce qui concerne les fonds et maisons, peuvent produire annuellement, Neurey compris, deux mille quatre cents livres, en comptant les années par dix ans, l'une portant l'autre, suivant la vérification faitte à vue des comptes. Les eschuttes personnelles, environ quatre cents livres par an parce qu'il ne s'agit que des meubles, vérifié idem. — Le droit de formariage peut produire suivant mesme vérification environ quatre à cinq cents livres par an. En sorte que les trois articles cy-dessus compris et dérivant de la mainmorte réelle et personnelle, dans les vingt-trois villages dépendants de la terre de Luxeuil, peuvent valoir annuellement trois mille deux ou trois cents livres.

Dans le cas d'un affranchissement général en accordant au seigneur les lods de douze l'un en cas de vente, droit de retenue et consentement, le seigneur se voit amplement dédommagé du produit de la mainmorte, car les lods produiraient au moins autant et davantage. M. l'abbé le sent bien puisqu'il a déjà offert à différents villages de sa terre de les affranchir à cette condition, et je connais des personnes qui luy sont attachées qui m'ont dit avoir été chargées de le proposer au village d'Ainvelle, et que les habitants n'avaient pas voulu y accéder.

Prieurés unis à la Mense abbatiale.

Le prieuré de Montureux-sur-Saône est uni à la Mense abbatiale; tous les biens qui en dépendent sont situés en Lorraine; il est affermé par un bail particulier à trois mille huit cents livres par an; il n'y a aucune mainmorte.

Prieurés unis à la Mense conventuelle.

Le prieuré de Saint-Valbert-d'Héricourt; il y a plusieurs villages qui en dépendent et en mainmorte coutumière, et générale de la province; ce prieuré est affermé deux mille quatre cents livres par an.

Le prieuré de Saint-Jean-Baptiste d'Annegray; plusieurs villages en dépendent tous en mainmorte générale de la province. Ce prieuré est affermé environ douze à quinze cents livres par an; les lods sont de cinq l'un.

Le prieuré de Jasney; il a des terres en fiefs, des sujets et des terres en mainmorte générale de la province. Les religieux ont encore le prieuré de Charmes uni à leur mense ; il est du côté de Morey ; il peut valoir trois cents livres de rente environ.

Droits honorifiques.

M. l'abbé de Luxeuil est seul haut-justicier à l'exclusion dés religieux ; il a tous les droits honorifiques ; il nomme seul tous les officiers du bailliage. Le bailly a des gages de cent francs par an que M. l'abbé ne lui paye jamais. Le procureur fiscal a quarante livres qu'il ne touche jamais. Le greffier rend à M. l'abbé six ou sept cents livres par an. Le tabellion général rend six cents livres par an. M. l'abbé a fixé le nombre des procureurs à six, et taxé la finance de leurs bureaux à trois cents livres; chaque procureur a trois cents livres une fois payées à fond perdu. Il a vendu la charge de garde-martian au sieur Jacontot pour 2400 livres à vie une fois payées. Il a fixé les huissiers à six qui ont payé chacun cent livres une fois payées. M. l'abbé a seul les amendes à l'exception de Neurey-en Vaux qui appartiennent aux religieux par un traité fait avec eux depuis environ huit ans. Il a seul les échutes dans toute la terre à l'exception de Neurey-en-Vaux, cédées aux religieux par le traité avant dit. Les religieux ont les échutes de leurs sujets avant dits et de leur prieuré. Les fiefs ou seigneurs avant dits perçoivent les échutes sur leurs sujets.

La terre de Mailleroncourt-Charette relève de l'abbaye de Luxeuil et le seigneur est tenu de reprendre le fief à chaque mutation et prester foy et hommage à M. l'abbé.

Amblans.

M. l'abbé est co-seigneur à Amblans et Velotte avec le Roy ; M. d'Amblans a acheté du Roy sa portion ; il est seigneur engagiste ; il perçoit la moitié des amendes et épaves ; M. l'abbé l'autre moitié. Les territoires d'Amblans et Velotte sont de franchise, sans lods ny consentement. MM. de Bithaine y ont cependant quelques terres mainmortables. Amblans

et Velotte ont un bailliage pour eux seuls, ressortissant nue-
ment au parlement ; les officiers sont nommés alternativement par M. l'abbé et le seigneur engagiste.

Raddon.

M. l'abbé est seigneur à Raddon et Chapendu avec le seigneur de Faucogney, chacun par moitié. Ces deux villages
sont de franchise sans lods ny consentement ; ils ont un
bailliage particulier ressortissant au parlement, M. en nomme
tous les officiers seul ; le seigneur de Faucogney nomme les
gardes ; les amendes et épaves se partagent par moitié.

Mailley.

M. l'abbé y est haut-justicier ; il y a des bois, des vignes
et, je crois, quelques terres ; il afferme le tout environ mille
livres par an.

Bois.

M. l'abbé coupe par chaque année 75 arpents de bois taillis
sans y comprendre les quarts de réserve ; ses bois lui rap-
portent année commune trois mille livres, c'est-à-dire les
75 arpents. Les religieux coupent annuellement trente-six arpents qui peuvent produire 1800 livres par an, non compris
les quarts de réserve. M. l'abbé institue seul tous les gardes
des forêts des menses abbatiale et conventuelle ; les religieux
lui présentent ceux qu'ils veulent pour leurs bois et M. l'abbé
les institue.

Il y a beaucoup de fourgs et de moulins banaux dans la
terre tant à M. l'abbé qu'aux religieux ; l'un et l'autre en
ont accensé à perpétuité à différentes communautés, en grains
et en argent.

Dixmes.

M. l'abbé a des dixmes et des terres à Melincourt et à
Cuve, Anjeux, la Pisseure, Bassigney, Pomoy, Velleminfroy,
Saint-Sauveur, la Chapelle, Baudoncourt, Breuches, Abel-
court, Villers ; le tout peut produire annuellement huit à

neuf cents quartes de froment, quatre cents quartes de seigle, sept cents quartes d'avoine, le tout mesure de Luxeuil rendus sur ses greniers, et quatre-vingts quartes millet avec de l'orge et des pois environ cent quartes. Les religieux ont les dixmes à Briancourt, Esboz-Brest, Eshuns, Visoncourt et d'autres endroits dont on ne connaît pas le produit, non plus que leurs biens d'après le partage de mense fait avec M. l'abbé de Baufremont qui subsiste, sauf ce que M. l'abbé a cédé par un traité particulier avec les religieux, il y a huit ans, au moyen de quoy ils se sont chargés de toutes les réparations de leur mense dont M. l'abbé était tenu par le partage avec M. de Baufremont.

Il faudrait un volume pour détailler tous les petits droits, cens, corvées de charrue, de moisson, fenaison, voitures de foin, de vendange, poules, tailles, cire, etc., avec la quantité de prels et vignes.

Toutes les communautés qui ont des vignes dans la terre de Luxeuil prétendent qu'elles sont franches, parce qu'elles ont été plantées sur des communaux ou des bois défrichés. M. l'abbé leur conteste cette franchise et prétend les communaux être de sa mainmorte.

Lors du partage entre Luxeuil, Breuches, Saint-Valbert et Froideconche, l'abbé de Luxeuil fut alors choisi pour juge arbitre; il déclara par la sentence arbitrale que Luxeuil et son territoire et ses communaux resteraient francs comme du passé et que Saint-Valbert, Breuches et Froideconche seraient mainmortables ainsi que leurs communaux; ces trois dernières communautés appelèrent de cette sentence au parlement de Dole qui infirma cette sentence et déclara leurs communaux de franchise.

Les vignes de Brotte et Aillioncourt, appelées les vignes d'Ailliers, ont toujours été vendues depuis plus de deux siècles [comme] de franchise, et ont toujours appartenu comme elles appartiennent encore pour la plus grande partie aux habitants de Luxeuil; elles ont passé par succession collatérale aux héritiers de ceux qui les ont possédées. M. l'abbé actuel et ses fermiers dans différentes eschutes ont eu de ces vignes, parce que le seigneur hérite du bien franc de son sujet mainmortable, comme des biens de mainmorte; ils ont vendu les vignes de franchise. Il y a plusieurs décrets particuliers faits d'authorité du bailliage de Luxeuil dans lesquels étoient comprises différentes vignes d'Ailliers déclarées vendues de franchise. Malgré tout cela M. l'abbé à l'instigation de l'abbé Prosjean a intenté différents procès aux habitants de Luxeuil, Aillioncourt et Brotte avec prétention de mainmorte sur les vignes du canton d'Aillers, mais tous les procès sont restés au bailliage de Luxeuil indécis.

Je n'ay jamais sçu quels étoient les biens de fondation primitive de l'abbaye, non plus que ceux de donation, fondation, etc.; ils ont toujours eu grand soin de cacher cette connoissance.

Je crois mesme que M. l'abbé et les religieux seroient très embarrassés d'en justifier; j'ay vu quelque donation de Thiébaud de Faucogney, abbé de Luxeuil, à cette abbaye, mesme de biens dont l'abbaye ne jouit plus. J'ay aussi vu d'autres donations de ceste mesme maison de Faucogney, qui était une branche de la maison d'Autriche, à cette abbaye de dixmes de terre telles que les dixmes de la Chapelle et autres; les comtes de Bourgogne leur ont donné une chaudière aux saulnières de Salins, ce qui fait aujourd'hui leur franc salé à charge de célébrer tous les jours une messe basse à six heures du matin pour les comtes défuncts que les religieux disent encor aujourd'huy devant l'hôtel de la Vierge. Ils ont fait différentes acquisitions de terres, dixmes dans le douzième et treizième siècle et les suivants dont je n'ay qu'une idée confuse. Je crois bien que la plus grande partie de leurs fonds viennent de donations pour prières qu'ils ne connoissent pas eux-mesmes. J'ay vu différents contracts d'acquisition en Lorraine faits par l'abbé et les religieux, qui font partie du prieuré de Montureux.

La plus grande partie de leurs droits sont fondés sur des bulles des papes qu'ils ne montrent pas parce qu'ils ont obtenu des sentences de leur bailliage qui les authorisent à les percevoir, et qui sont passées en force de titres de chose jugée par le laps de temps; ils ont très peu concernant leurs biens et leurs droits.

Je joins icy la copie d'un traité fait entre les religieux anciens et leur abbé lorsque la réforme fut introduite à Luxeuil il est de 1634 ; il vous donnera seulement une idée comment les anciens religieux vivoient ; ils étoient comme des chanoines réguliers ; ils avoient des prébendes particulières ; l'abbé leur faisoit donner tous les jours du pain et du vin pour leurs tables, etc.

J'espérois découvrir le traité de partage de mense fait avec M. de Baufremont ; je vous en eus fait copie, mais je n'ay pu y parvenir parcequ'il auroit fallu dire pourquoy je le demandois, on me l'avoit cependant promis et on m'a manqué.

Nota : M. l'abbé nomme au prieuré de Soyères, en Champagne ; il vaut 2400 livres, charges payées ; au prieuré de Fouchécourt en Lorraine ; il vaut 2000 livres. C'est M. l'abbé Charles, de Besançon, qui l'a pris au dévolu lorsque M. l'abbé n'avoit pas encor ses bulles pour son abbaye, au prieuré d'Herlé en Normandie ; il vient d'être uni à un séminaire de son voisinage. Il nomme aussi à plusieurs cures.

VII

Lettre de l'Intendant du comté de Bourgogne au Ministre pour lui donner son avis sur la requête de M. de Clermont-Tonnerre (10 janvier 1777).

(Archives de la Haute-Saône, C. 42.)

Besançon, le 10 janvier 1777.

Monsieur,

J'ai l'honneur de vous renvoyer la requête par laquelle M. l'abbé de Clermont-Tonnerre demande, en sa qualité d'abbé commendataire de l'abbaye de Luxeuil, que le roi autorise un arrangement tendant à l'extinction de la mainmorte à laquelle sont sujets les habitans des villages dépendans tant de cette abbaye que de la mense abbatiale. L'affranchissement se feroit, suivant ce projet, moiennant la réunion à l'abbaye du prieuré de Fontaine qui en faisoit ci-devant partie. Il seroit, ce me semble, convenable d'y comprendre les villages dépendans du prieuré, afin que ce bénéfice une fois réuni à l'abbaïe de Luxeuil son ancienne mère, les habitans de certains villages n'eussent pas à se plaindre d'être plus maltraités que leurs frères. Je suis persuadé que M. l'abbé de Clermont-

Tonnerre, empressé de voir multiplier le nombre des heureux, ajoutera volontiers aux conclusions de sa requête ce qui sera nécessaire à cet effet. Je n'aperçois d'ailleurs rien qui puisse s'opposer à l'exécution de cet arrangement; il est aussi intéressant pour l'État que pour l'humanité. Les habitans de vingt-sept villages verroient alors leurs biens communs, leurs fortunes particulières et leurs personnes déchargés d'une macule humiliante qui attaque essentiellement la liberté de l'homme et le met dans la servitude; il tariroit sans retour la source d'une foule de procès ruineux entre le seigneur et les colons. Ce seroit un encouragement à l'agriculture, au commerce. Les habitans devenus plus riches, plus heureux, libres dans le choix de leurs compagnes, ne craignant plus de n'avoir que des maux à léguer à leurs enfans, il se feroit plus de mariages; l'on verroit s'accroître de toutes manières les forces de l'État par cet acte de bienfaisance.

L'indemnité que demande M. l'abbé de Tonnerre paroît d'ailleurs raisonnable. Le prieuré de Fontaine, qui rapporte dans son état actuel environ 6,000 livres, en produiroit au plus 5,000 après l'affranchissement. Les droits fructueux dépendans de l'abbaïe de Luxeuil dont M. l'abbé de Tonnerre feroit l'abandon pouvant former un semblable revenu, il est évident que sa demande n'est dirigée que par des vues du bien public. Le roi, en réunissant le prieuré de Fontaine à l'abbaïe de Luxeuil, se priveroit de la nomination à un bénéfice; mais en nommant à cette abbaïe, Sa Majesté pourroit par la suite y affecter des pensions. Ce projet présente donc les plus grands avantages, sans le moindre inconvénient.

L'on peut d'un seul mot sortir de l'esclavage environ 12,000 citoyens! Le conseil a toujours favorisé les arrangemens qui tendent à éteindre ces restes de la tyrannie du gouvernement féodal qui subsistent encore dans un petit nombre de seigneuries, et qui sont incompatibles avec la douceur et les principes du gouvernement actuel. Que ne doivent pas espérer ces infortunés d'un monarque bienfaisant et d'un ministre dont les travaux n'ont d'autre but que le bonheur du peuple!

VIII

*Lettre de M. l'abbé de Clermont-Tonnerre à l'Intendant pour demander
des renseignements sur la suite qui a été donnée à son projet d'affranchissement (4 mars 1777).*

(Archives de la Haute-Saône, C, 42.)

Monsieur,

Le bien et l'avantage de la ville de Luxeuil que vous aimez,
celui de toute l'abbaye m'ont déterminé depuis longtemps à
m'occuper de l'affranchissement de tous les villages qui
composent la terre de Luxeuil. J'ai présenté en conséquence
ma requête à M. Turgot, alors contrôleur général, et après
plusieurs ricochets je n'en ai plus entendu parler; je viens
cependant d'être informé qu'elle a été renvoyée à votre avis.
J'ose vous supplier, monsieur, de me faire savoir si vous
avez bien voulu le donner, et le tems auquel il vous plaira
la renvoyer à M. Amelot. Ce projet est d'une grande conséquence pour les habitans de Luxeuil qui, resserrés de toutes
parts dans un petit canton de franchise, sont tellement en-
tourés de mainmorte qu'ils ne peuvent rien acquérir. Le
principal avantage que j'y trouve est celui de mettre fin à
une infinité de petits procès qui me viennent sans cesse. Mais
indépendamment de tout cela si le succès de mon entreprise
répond à mes vues, il en résultera pour la ville de Luxeuil parti-
culièrement d'autres avantages temporels et spirituels sur
lesquels je désirerois pouvoir vous entretenir. Si vous voulez
avoir la complaisance de m'indiquer un jour et une heure
j'en profiterai avec empressement pour ces différents objets
et pour vous renouveller l'assurance de l'attachement sans
bornes avec lequel j'ai l'honneur d'être,

IX

*Mémoire au sujet de l'affranchissement de la mainmorte de la terre
de Luxeuil (sans date, probablement vers 1785) (1).*

(Archives de la Haute-Saône, C, 42.)

L'abbé de Clermont-Tonnerre, abbé de Luxeuil depuis

(1) Cette pièce semble n'être que la reproduction d'une seconde requête

quarante-trois ans et vicaire général de Besançon depuis trente, a toujours eu de la répugnance à voir exercer sous son nom les droits de la mainmorte réelle et personnelle qu'il a trouvés établis dans les terres de cette abbaye.

Un cœur sensible et compatissant se prette difficilement à la rigueur d'une loi, qui, quelque juste qu'elle puisse paraître dans son principe, exclut depuis tant de siècles un père de la succession de ceux de ses enfans qu'il a aportionnés par des partages pour des établissemens et qui viennent à mourir sans enfans, un frère de celle de son frère, des collatéraux de celle de leurs auteurs ; qui attache l'homme à une portion de terre qui souvent lui suffit à peine pour prolonger la misère d'une servitude dont il n'a aucun moyen de se relever, et qui éloigne du sol où elle règne avec empire tout homme libre que les talens ou l'industrie y pourroient amener sans la crainte de l'impression d'une tache indélébile d'une espèce d'esclavage irrédimable.

Cette tache qui humilie l'homme autant qu'elle allarme la religion par les fraudes et les supercheries qu'elle accumule, affectoit trop l'abbé de Clermont-Tonnerre pour qu'il ne s'occupa pas des moyens d'en laver le plutôt (*sic*) qu'il lui seroit possible les habitans des vingt-quatre villages qui composent la terre mainmortable de Luxeuil.

L'abbé de Luxeuil a bien conservé le droit d'affranchir les personnes lorsqu'en 1534 il traita avec l'empereur Charles V et lui céda la souveraineté qu'il exerçoit sur cette terre ; il use de ce droit journellement, mais il n'a plus celui d'affranchir les fonds ; il est donc dans la nécessité de recourir à cette autorité souveraine dont l'abandon ne lui laisse rien à regretter sous le plus grand et le meilleur des monarques. Son unique objet a dû être celui de choisir les moyens les moins onéreux pour cette multitude d'habitans et les moins préjudiciables à l'intégrité du bénéfice dont il n'est que l'administrateur et l'économe.

Dès 1755 (1) l'abbé de Clermont-Tonnerre en proposa de

adressée au ministère vers 1781. Aussi croyons-nous devoir faire ici une exception au classement par ordre chronologique adopté, pour la placer avant les lettres ministérielles de 1783.

(1) Il y a sans doute erreur de copiste ; c'est 1775 qu'il faut lire.

trois espèces dans une requête qu'il présenta au conseil. Le premier étoit d'éteindre et supprimer la mainmorte des fonds par une augmentation proportionnelle des dixmes et cens seigneuriaux déjà établis sur tous ces mêmes fonds; quoique ce moyen facile et simple dut opérer une diminution considérable dans ses revenus casuels, il ne le trouvoit pas assez doux pour les habitans de ces terres.

Le second lui paraissoit mieux remplir ses vues de bienfaisance pour eux; il consistoit dans la vente des quarts en réserve, des bois communaux, sur laquelle auroit été prélevée une somme suffisante pour remplir au moins en grande partie le vuide que l'extinction de la mainmorte réelle auroit laissé dans la somme totale des revenus annuels.

Ce second moyen n'étoit pas sans inconvénients en ce qu'il auroit privé ces communautés des ressources nécessaires dans les cas d'incendie et réparations des habitations et édifices publics. Il avoit aussi des difficultés en ce que quelquesunes de ces communautés ont été obligées d'user de cette ressource et n'ont plus de bois de réserve en état d'être coupés, ni vendus, ce qui les auroit nécessités à des emprunts toujours onéreux.

Le troisième enfin paroissoit le plus avantageux à tous égards; il avoit pour objet la réunion du Prieuré de Fontaine qui touche la terre de Luxeuil, qui a fait longtems une partie de la propriété de cette abbaye, et qui, quoique Sa Majesté y ait nommé, soit sur démission, soit pendant la vacance de l'abbaye, n'appartient pas moins à la collation et disposition de l'abbé. Mais comme ce prieuré est actuellement entre les mains du suffragant de Besançon, Sa Majesté étoit humblement suppliée de le remplacer provisionnellement, et jusqu'à la possibilité de l'union, par une pension sur quelque bénéfice en valeur nette de dix mille livres de rente.

La requête qui contenoit ces trois moyens fut remise au département du contrôle général, et renvoyée d'abord à l'intendant de Franche-Comté pour avoir son avis.

Monsieur De La Coré, dont la justice et l'humanité ont laissé dans tous les cœurs comtois des sentimens d'attachement et de reconnoissance qui passeront à la postérité, donna l'avis le plus étendu et le plus favorable. Il s'empressa même d'en faire part à l'abbé de Clermont-Tonnerre qui crut pouvoir solliciter alors la décision du conseil. Mais il apprit que cette requête avoit été renvoyée au département des eaux et forêts, que Monsieur de Beaumont, chef de ce département, avoit jugé que n'ayant à prononcer que sur la possibilité et utilité de la vente des quarts en réserve des bois communaux qui formoient le second moyen de la requête, son avis devenoit inutile si la réunion du Prieuré de Fontaine étoit accueillie et qu'il avoit en conséquence renvoyé la requête à monsieur le cardinal de la Rochemont, ministre de la feuille des bénéfices.

Dès ce moment l'abbé de Clermont-Tonnerre n'a plus eu aucune nouvelle de cette requête et ses démarches pour la retrouver ainsi que l'avis de M. de la Coré ont été infructueuses jusqu'à l'époque de l'édit de la mainmorte en 1778 qui rendoit inutile une recherche ultérieure.

L'accueil que toutes les cours souveraines ont fait à cet édit ne permettoit pas à l'abbé de Luxeuil de soupçonner que le Parlement de Besançon pût avoir des motifs pour en suspendre l'enregistrement dont le retard ne pouvoit manquer d'allarmer la confiance des communautés avec lesquelles il auroit pu traiter suivant les formes ordinaires.

Dans cette position l'abbé de Luxeuil, animé par l'invitation que Sa Majesté avoit bien voulu faire par l'édit de 1778 à tous les seigneurs même ecclésiastiques de se conformer à ses intentions bienfaisantes, a cru pouvoir obtenir et devoir solliciter un arrêt particulier du conseil qui l'autorisoit à traiter comme il le jugeroit à propos sans s'écarter cependant de l'esprit de l'édit avec les communautés de sa terre qui voudroient profiter de sa bonne volonté pour leur affranchissement; il a en conséquence présenté une nouvelle requête qui a été renvoyée à l'intendant de Franche-Comté pour avoir son avis et adresser par celuy-cy à son subdélégué du ressort pour avoir les éclaircissements qu'il avoit jugé nécessaires.

Le subdélégué de Vesoul voulant s'assurer du vœu des communautés les a fait citer par devant lui. Quinze de celles où l'abbé de Luxeuil est seigneur haut-justicier territorial et en généralité de mainmorte ont comparu par des députés fondés de pouvoirs qui ont représenté de leur part que les droits de lods et ventes, inconnus dans la mainmorte particulière de la terre de Luxeuil, leur répugneroient beaucoup; que le cens par journal en sus des prestations seigneurialés dont elles sont déjà grevées leur paroissoit une surcharge dont ils désiroient se rédimer, et ont offert un équivalent par des cessions de portions de champs, de prez ou de bois à la convenance de leur seigneur pour l'affranchissement de leurs fonds, mais à l'égard de celui de leurs personnes qu'ils connoissoient ne pouvoir tenir que de sa libre et pure grâce et volonté, ils sentoient leur insuffisance pour y mettre un prix proportionné; qu'ils osoient cependant espérer de sa générosité et de ses bontés qu'ils éprouvoient depuis si longtèms, qu'il voudroit bien se contenter d'une somme de soixante livres par feu et ménage une fois payée.

Les députés de ces communautés n'ignoroient point que les habitans du seul village de Genevrey près de Luxeuil avoient payé leur affranchissement cinquante mille livres, que ceux de Bourguignon avoient payé le leur quarante mille livres et deux autres villages de la terre de Lure vingt-huit mille livres. Ils rendoient à leur seigneur la justice d'être convaincus que le désir qu'il avoit toujours témoygné de leur procurer leur affranchissement n'avoit jamais été un prétexte pour s'approprier une somme d'argent de quelque importance; que leur bonheur et leur bien étoient tout ce qui le touchoit et ne se trompoient pas.

Le subdélégué de Vesoul dressa un procès-verbal de leurs offres et soumissions qu'il envoya à l'abbé de Luxeuil pour lui être communiquées et acceptées s'il les approuvoit.

L'abbé de Clermont-Tonnerre quoiqu'il n'aperçût dans la masse des sommes qui lui étoient offertes qu'une assez mince partie de celle qu'il a employée, et employe journellement aux réparations immenses de son abbaye, n'hésita pas de ratifier et accepter les propositions.

Le tout a été renvoyé à M. de Saint-Ange, intendant de Franche-Comté, par son subdélégué avec son avis dès le mois d'octobre 1784, l'abbé de Clermont-Tonnerre depuis cette époque sollicite et fait solliciter la conclusion de cette affaire soit auprès de monsieur l'intendant, soit auprès de monsieur de Forges et voit avec une vive douleur un si long retard aux succès de ses vœux pour le bonheur des habitans de sa terre qu'il a à cœur depuis plus de trente ans : ce motif lui donne l'espérance qu'il ne sera avec pas plus malheureux qu'un autre.

Monsieur de Forges désiroit l'avis de monsieur l'intendant et celui du grand maître des Eaux et Forêts. M. de Saint-Ange a entre les mains tous les éclaircissemens, qu'il peut désirer. M. de Marigny, grand maître des Eaux et Forêts, n'est dans le cas de donner le sien que lorsqu'il s'agira de recourir au conseil pour obtenir une coupe de bois en faveur des communautés qui n'auront pas des portions de champs ou de prés dont elles puissent se détacher ; il y en a très peu qui ayent besoin de cette ressource.

Toutes ces formalités, d'ailleurs, ne paroissent pas bien nécessaires ; dans les circonstances, il s'agit de suppléer au défaut d'enregistrement de l'édit de 1778 au Parlement de Besançon par un arrêt particulier du conseil, qui ne sera que l'exécution de l'édit et une interprétation confirmative des intentions de Sa Majesté en faveur de l'abbé de Luxeuil et des habitans de cette terre.

Plus bas est écrit de la main même de M. de Clermont-Tonnerre.

. « L'arrest particulier que l'abbé de Luxeuil sollicite a pour objet la confirmation du droit qui lui a été réservé par le traité de 1534 de traiter avec les sujets de sa terre de la mainmorte et formariage. Ce traité est joint aux pièces qui sont entre les mains de M. de Saint-Ange. On en joint icy l'extrait à cet effet. La mainmorte de la terre de Luxeuil étant différente de celle de la province, l'extinction projetée semble exiger une autorisation particulière. »

X

Lettre ministérielle demandant à l'intendant du comté de Bourgogne des renseignements sur le projet d'affranchissement de la mainmorte de la terre de Luxeuil (17 juin 1783).

(Archives de la Haute-Saône, C, 42.)

XI

Lettre de M. l'abbé de Clermont-Tonnerre à M. Miroudot de Saint-Férjeux, subdélégué à Vesoul, pour le remercier d'avoir bien voulu s'intéresser au projet d'affranchissement de la mainmorte de la terre de Luxeuil et lui donner quelques éclaircissements à ce sujet (8 février 1786).

(Archives de la Haute-Saône, C, 42.)

Luxeuil, 8 février 1786.

J'ai, Monsieur, un million de remercîments à vous faire de toutes les peines que je vous ai données et de celles que vous voulez bien prendre encore pour moi. M. d'Arnes, comblé de toutes vos politesses et amitiés, m'a rendu tout l'intérêt que vous avez bien voulu prendre à mon affaire. J'en suis pénétré de reconnaissance. Mon neveu à reçu les lettres d'échange, que vous avez bien voulu lui envoyer à Paris. M. d'Arnes m'a encore assuré que vous vouliez bien prendre la peine de talonner M. l'intendant pour lui faire donner son avis qu'il me promet depuis si longtemps au sujet de l'affranchissement de quinze communautés de la terre de Luxeuil. Je vous envoie en conséquence un mémoire instructif de tout ce qui s'est passé et de l'état actuel des choses. Ce que je vous prierai de faire observer à M. l'intendant et plus encore à la personne chargée de travailler à cette affaire, c'est que la mainmorte de Luxeuil est particulière et presque unique ; que si, d'un côté, elle a de grandes duretés pour les sujets ; elle a, d'ailleurs, beaucoup de douceurs. L'abbé de Luxeuil est le maître d'affranchir les personnes, mais il ne peut pas y être forcé ; c'est pourquoi il faut bien distinguer la mainmorte personnelle de celle des biens. Je n'ai besoin d'aucune autorité pour affranchir les personnes et je mets à cet affranchissement le prix qu'il me plaît ; c'est un usufruit qui est à moi, qui ne touche point au fond de l'abbaye. C'est pour cet objet, qu'on a fixé à 60 livres par feu et ménage. A l'égard des fonds, comme les droits de lods et vente sont inconnus dans la mainmorte de Luxeuil, on ne peut suivre exactement l'édit à cet égard ; on s'en est rapproché dans l'achat des fonds proposés par les communautés pour suppléer aux cens et aux lods auxquels elles répugnent également. En un mot quel inconvénient y aurait-il à un arrest du conseil confirmatif du droit conféré par le traité de 1534 à l'abbé de traiter de la main-morte et formariage comme il jugera à propos avec ses com-munautés ? Lorsque le roi donna l'édit d'ampliation pour les présidiaux, celui de Vesoul anticipa sur les droits des bailli-ages de Luxeuil et de Vauvillers ; mais par un arrest interpréta-tif en faveur de ces deux bailliages l'entreprise fut réprimée. Ici, il s'agit d'un arrêt interprétatif de l'édit de la mainmorte qui reconnaisse le droit à la liberté que doivent avoir les abbés de Luxeuil de traiter à leur gré et à celui des sujets de leur terre au sujet de ladite mainmorte particulière ; il n'y a et ne peut y avoir à cela aucun contradicteur, puisque c'est l'inten-tion du roi que la mainmorte soit éteinte sans que ses sujets en soient plus chargés, et, en effet, aucuns ne le seront moins que ceux de la terre de Luxeuil.

Pardon de tout ce détail ; je l'ai cru nécessaire. Le bonheur des habitants de Luxeuil et de la terre dépend du succès des démarches que vous voulez bien faire pour finir cette affaire qui dure depuis trop longtemps, et à force de retard devien-dra toujours plus difficile et moins avantageuse aux sujets.

XII

Clause du traité dit de souveraineté en ce qui concerne les affran-chissements de la mainmorte.

(Archives de la Haute-Saône, C, 42.)

« TRAITÉ DE SOUVERAINETÉ DE 1534.

« Est extrait ce qui suit :

« Avec ce pourra ledit révérend abbé de Luxeuil, présent et avenir, instituer tabellion en sa terre et faire par iceluy recevoir tous contraux sous son seel qui sera privilégié pour tenir main garnie et procéder en vertu d'iceluy jusqu'à provision inclusi-vement et icelui faire exécuter selon lesdites ordonnances, et ce moyennant ladite abbaye ensemble lesdites villes et villa-ges, terre et seignerie en dépendants comprins tant en ladite association, qu'autres villages étant de la chambre abbatiale seront et demeureront perpétuellement de l'entière souverai-

neté de ladite Majesté de l'Empereur à cause de sadite Franche-Comté de Bourgogne et seront icelles abbaye, ville, villages, fin, finage, territoires en dépendants, unis, joints et incor-
porés en ladite Franche-Comté, en telle autorité, qualité et
prérogative que sont toutes autres villes, villages, terres et sei-
gneries sujets à sadite Majesté et à ses successeurs, comtes
et comtesses de ladite Franche-Comté de Bourgogne, comme
sont tous autres manans et habitans en icelle Franche-Comté,
de laquelle Majesté et de ses successeurs comtes de Bourgogne seront lesdits abbés et religieux, couvents et bourgeois et
sujets d'icelle abbaye, postes, gardes, soutenus et déffendus
par sadite Majesté et sesdits successeurs, comtes de Bourgogne, comme ses autres sujets d'icelle Franche-Comté, et
jouissant des droitures, immunités et libertés et franchises de
ladite Franche-Comté comme tous autres habitants en icelle,
semblablement ressortiront en ladite cour souveraine de
parlement pour appellation qui seront cy-après émises dudit
bailly de Luxeuil ou son lieutenant en telle façon et manière,
que lesdits sujets dudit Comté font et accoutumés faire desdits baillis d'Amont, d'Aval et de Dôle, et observeront iceux
abbés, religieux et couvent, bourgeois, habitans et sujets de
ladite abbaye les ordonnances de la Cour de Parlement faites
et à faire, useront du coutume rédigé par écrits audit Comté
de Bourgogne, comme font autres sujets dudit Comté, excepté
quant aux mainmorte et formariage, dont on usera en ladite
terre de Luxeuil ainsy que du passé l'on a accoutumé de jouir
et user, si desdits mainmorte et formariage n'en étoit autre-
ment traité entre lesdits sieurs abbés et sujets, et généralement quant à ce qui n'est cy-devant spécifié, vivront et res-
teront lesdits abbés, religieux, bourgeois et habitans de ladite
seignerie de Luxeuil, comme font et ont accoutumé vivre
tous autres habitans de ladite Franche-Comté de Bourgogne.
En outre, sera tenu ledit seigneur abbé et ses successeurs
abbés de ladite abbaye perpétuellemment payer, bailler et dé-
livrer chacun an au trésorier de Vesoul pour et au profit de
sadite Majesté et de sesdits successeurs comtes de Bourgogne
la somme de 500 francs en deux termes, à savoir la moitié
à la feste Saint-Jean-Baptiste et l'autre moitié au jour de feste
Annonciation de Notre-Dame, et commencera le premier

terme le jour de feste Saint Jean-Baptiste qui sera au mois de juin prochain venant et de là en avant de terme en terme, sans aucunement y faillir et ce en lieu et récompense de plus grande somme que ledit trésorier de Vesoul percevoit et devoit percevoir par ses mains pour et au profit dudit Comté de Bourgogne en ladite terre de Luxeuil, bourgeois et habitans d'icelle, etc.

« Collationné sur une expédition tirée des archives du seigneur abbé de Luxeuil le quatorze juin mil sept cent soixante-huit. Signé : LAMBOULEY. Contrôlé à Luxeuil le quinze du même mois. Signé : PRINET et à l'extrait : LAMBOULEY. »

XIII

Lettre de l'intendant M. de Caumartin de Saint-Ange à M. de Bonnaire de Forges, chargé au ministère des affaires relatives à la Franche-Comté, pour lui donner les éclaircissements demandés au sujet de la requête de M. l'abbé de Clermont-Tonnerre (25 avril 1788).

(Archives de la Haute-Saône, C, 42.)

XIV

Lettre de M. de Bonnaire de Forges accusant réception à l'intendant du dossier de la demande en abolition de la mainmorte présentée par M. de Clermont-Tonnerre (2 mai 1788).

(Archives de la Haute-Saône, C, 42.)

XV

Affranchissement de différents droits pour les habitants d'Ainvelle (5 octobre 1782).

(Archives de la Haute-Saône, C, 37.)

Jean-François Girardot, tabellion général du Bailliage de la ville de Luxeuil, fait savoir que :

L'an mil sept cent quatre-vingt-deux, après midy, le cinq octobre, au palais abbatial de l'abbaye royale Saint-Pierre de Luxeuil, et par-devant Jean-François Girardot et Antoine Voillot, tabellion et notaire au bailliage dudit Luxeuil y demeurants ont comparu les habitans et communauté d'Ainvelle par le fait de Pierre-André Baude et de Jean-François Breney dudit lieu, leurs procureurs spéciaux en vertu d'une délibération prise à l'assemblée générale de ladite communauté le jour d'hui reçue de Laurent, notaire, duement controllée, et dont la grosse en bonne forme, certifiée véritable par lesdits Baude et Breney, a été ici représentée pour rester jointe à la minute des présentes, lesquels ont humblement représenté à Messire Jean-Louis Aynard, comte de Clermont-Tonnerre, abbé commendataire de ladite abbaye Saint-Pierre de Luxeuil et en cette qualité seigneur dudit Ainvelle, cy présent : Qu'ils sont chargés et affectés envers ladite abbaye de différentes charges seigneurialles, foncières et annuelles, qui leur sont d'autant plus onéreuses que leurs terres étant d'une médiocre valeur elles absorbent une partie du produit annuel et par ce moyen les mettent hors de tout commun. Lesquelles charges consistent en une redevance annuelle de cinquante sols monoie du royaume dus par chaque feu et ménage pour l'abonnement et cession du fourg bannal, avec la liberté à chacun d'eux d'avoir des fourgs particuliers, et qui, étant au nombre d'environ soixante, forment un revenu annuel de 150 livres ; une autre prestation annuelle d'une poule aussi par chaque feu et ménage en valleur commune de dix sous, avec un cens annuel de 22 livres affecté sur les bois communaux, le tout formant un revenu annuel à ladite abbaye de la somme d'environ 200 livres, et qu'ils désireroient s'en affranchir et allibérer moyennant l'indemnité que mondit sieur l'abbé exigerait d'eux pour être par luy remplacée aussi avantageusement au profit de son bénéfice ; qu'ayant des deniers libres restants du produit de la vente de leur quart en réserve qui reste en dépôt entre les mains du receveur général des domaines et bois de cette province, ils avaient délibéré par l'acte dudit jour d'hui d'offrir à mondit seigneur l'abbé de Luxeuil une somme de 5,500 livres à prendre et recevoir des mains dudit receveur général sur les ordonnances et mandement qu'ils s'obligent de lui procurer dans un mois après l'obtention des lettres patentes à intervenir pour l'exécution du présent traité, dont ils se chargent, en outre, de supporter seuls tous les frais et avances.

A laquelle proposition mondit seigneur l'abbé de Luxeuil

tant pour lui que pour ses successeurs, ayant accédé et considérant l'avantage de son bénéfice, également que celui desdits habitants et communauté d'Ainvelle, il a quitté et affranchi ces derniers ainsi que leurs héritiers, successeurs et ayant cause à perpétuité, tant en général qu'en particulier, de ladite redevance annuelle de 50 sols et de la poule à luy dus par chaque feu et ménage audit Ainvelle, ainsi que du cens annuel de 22 livres constitué sur les bois communaux dudit lieu et en considération du présent acte, mondit seigneur abbé veut bien consentir comme il en a été supplié par lesdits habitants à ce que ces derniers ayant à l'avenir la liberté de faire lever eux-mêmes ou par leur préposé dans les salines à Salins leur sel ordinaire sans qu'on puisse les obliger dans la suite de venir le recevoir et lever à Luxeuil et sans que ledit consentement puisse nuire audit seigneur abbé à l'égard des autres communautés, et a accepté par forme d'indemnité et pour estimation desdites charges, la somme principale de 5,500 livres à luy payable ou à son préposé, comme il a été dit ci-dessus, pour être ladite somme principalle par luy remplacée dans l'année qui suivra le remboursement, en acquisition ou réunion de fonds, ou de telle autre manière qu'il y sera autorisé, au proffit de son bénéfice ; et moyennant ce que dessus lesdits habitans et communauté d'Ainvelle demeureront quittes, affranchis et libérés envers ladite abbaye et ses successeurs au bénéfice à perpétuité de toutes charges, redevances et prestations quelconques à la seule exception et réserve des droits de justice et de la taille annuelle, seigneuriale et irrédimable de 13 livres, 2 sols, 6 deniers qui continuera d'avoir lieu comme d'ancienneté et pour l'exécution du présent traité, les parties se retireront par devers le Conseil de Sa Majesté à l'effet d'obtenir tous arrêts et lettres patentes sur ce nécessaires et les feront enregistrer partout où besoin sera, le tout néanmoins aux seuls frais desdits habitans et sans recouvrement.

Tout quoy a été traité, convenu, stipulé et accepté entre les parties, qui, pour assurance et exécution de tout le contenu au présent traité ont soumis, obligé et hypothéqué, savoir ledit seigneur abbé tous les biens et revenus de sadite abbaye et lesdits Baude et Breney ceux de leurdite communauté sous le privilège du seel du tabellion général de

Luxeuil cy requis, renonçant, etc. Ainsi fait, lu et passé par
devant lesdits tabellion et notaire, soussignés avec mondit
seigneur abbé et lesdits Baude et Breney de ce enquis. Lec-
ture faitte. Signés à la minute J. L. Ainard de Clermont-Tonnerre, Breney, Baude, Voillot et Girardot. Contrôlé avec un
renvoy en marge des cinquième et sixième pages le 20 octobre
1782. Reçu 42 livres sans préjudice et sous réserve du cen-
tième denier s'il y a lieu. Signé : Prinet.

Pour grosse à M. l'abbé de Luxeuil,

GIRARDOT,
tabellion général.

XVI

Affranchissement des habitants de Saint-Valbert (1782-1789).

(Archives de la Haute-Saône, C, 45.)

PROJET D'ORDONNANCE DE L'INTENDANT.

M. de Clermont-Tonnerre, abbé commendataire de l'abbaye de Saint-Pierre de Luxeuil, demande l'homologation
d'un traité d'affranchissement passé entre lui et les habitants
et communauté de Saint-Valbert.

Ce traité a été passé au palais abbatial de Luxeuil, par-
devant Girardot et Voillot, notaires, entre M. l'abbé de Clermont et les habitants de Saint-Valbert, représentés par
Etienne Ogier, maire du lieu, et Dominique Bardot, échevin,
en qualité de procureurs spéciaux, par délibération reçue de
Voillot, notaire, le 26 novembre 1782, dont l'expédition
qu'on ne voit pas a été annexée à la minute du traité. Il y est
dit que l'édit du mois d'août 1779 qui supprime la mainmorte
réelle et personnelle dans les domaines du roi ne considère
pas la mainmorte réelle comme un droit de propriété inhé-
rent aux seigneuries auxquelles elle se trouve attachée et
que les seigneurs ecclésiastiques ne sont pas tenus de se
faire autoriser pour abolir la mainmorte, ni de faire homolo-
guer aucun affranchissement. M. l'abbé affranchit de la
mainmorte réelle et personnelle les hommes et sujets du
village et territoire de Saint-Valbert dépendants de son

abbaye, ainsi que les maisons, fonds et héritages et les communaux à l'exception des fonds situés auxdits lieu et territoire appartenans actuellement à différens forains et à la communauté de Froideconche ; non compris pourtant dans cette exception un champ d'onze quartes appartenant aux nommés Ogier, Simon et Aubry des Granges de Fougerolles l'Église, le Champ-dit Demarge, et un autre dit du Ban de trois boissels appartenant à la nommée Guyez.

M. l'abbé affranchit encore ses habitants et sujets d'une corvée de faulx et d'une corvée de voiture de bois, ainsi que la redevance d'une poule par année par chaque feu et ménage. Le tout moyennant la somme de 6000 livres que les habitants se sont obligés de payer et à prendre sur les premiers deniers à provenir de la vente qu'ils solliciteront de leur quart de réserve.

M. l'abbé se charge des frais du traité et de ceux de l'arrêt du conseil qui permettra la vente du quart de réserve ; il s'oblige à remplacer au profit du bénéfice soit en acquisition ou réunion de fonds, ou de telle autre manière qui sera trouvée plus convenable, une somme de 1,500 livres dans le délai d'une année à compter du jour de l'obtention des lettres-patentes s'il en est besoin ; ladite somme à prendre sur celle de 6,000 livres dont le surplus lui restera pour indemnité des frais dont il est chargé et des dépens qu'il a avancés pour soutenir les droits du bénéfice.

Les habitants s'obligent de donner à l'abbaye un fonds du produit annuel de 15 à 18 livres tournois réuni au bénéfice, sinon de payer une somme annuelle de 18 livres. C'est, d'une part, un bénéficier qui aliène des droits immobiliers de son bénéfice et de l'autre une communauté qui fait l'acquisition de ces droits. Cela ne peut se faire que de l'autorité du roi (Édit du mois d'août 1749). Il est défendu aux communautés d'acquérir aucuns biens-fonds ou droits réels, même à titre d'échange, sans en avoir obtenu la permission du roy par lettres patentes. D'ailleurs le roy est le protecteur des églises du royaume et le conservateur des biens ecclésiastiques (Déclaration du roi du 12 février 1661. — Fleury, *Introduction au droit ecclésiastique*, 2ᵉ partie, chap. XII. Bardet, tome II, livre V, chap. XXXIII.)

PROJET D'ORDONNANCE.

Vu la présente requête et le traité y mentionné.

Tout considéré,

Nous intendant, déclarons que l'arrangement dont il s'agit ne peut être consommé que de l'agrément du roy.

Fait à Besançon, le 18 février 1789.

Signé : CAUMARTIN DE SAINT-ANGE.

XVII

Affranchissement des habitants de Froideconche par M. le comte de Clermont-Tonnerre, abbé de Luxeuil (1787-1789).

(Archives de la Haute-Saône, C, 40.)

ORDONNANCE DU 18 FÉVRIER 1789.

M. de Clermont-Tonnerre, abbé de Luxeuil et en cette qualité seigneur de Froideconche, demande l'homologation d'un traité passé entre lui et les habitans de Froideconche le 15 7ᵇʳᵉ 1788, portant transaction sur procès et affranchissement moyennant différentes conditions.

Ce traité a été passé au Palais abbatial par devant Voillot, notaire, entre M. l'abbé et les habitans et communauté de Froideconche, stipulant par le fait de dix procureurs spéciaux nommés par délibération des 4 et 5 novembre 1787 qui ne sont plus jointes ni annexées à la minute du traité. Il est dit que les parties étaient en difficulté et procès sur la mainmorte, les cens, corvées et autres droits seigneuriaux et s'étant rapprochées M. l'abbé a affranchi à perpétuité les habitans :

1º De la mainmorte personnelle moyennant une somme de mille livres qui sera employée à payer une partie de la dépense considérable d'un bâtiment construit par l'abbaye à cause de l'élargissement de la grande rue de Luxeuil ordonné par Mᵍʳ l'intendant ;

2º De la mainmorte réelle, moyennant un cens annuel et perpétuel d'un sou par journal des biens fonds, champs et prés qui étaient affectés de cette mainmorte, lequel cens ne portera aucun droit de lods, vente, ni retenue ;

3° Des tailles, redevances et cens dont on évalue en bloc le revenu à environ 160 livres y compris les corvées ci-après, moyennant l'abandon et cession faite par les habitants au profit de l'abbaye d'un canton de champ et prés d'environ 18 journaux à eux appartenans sur le territoire de St Valbert appelé le pré Igney du revenu annuel de 36 livres susceptible de quelque augmentation;

4° Des charrois et corvées moyennant la faculté perpétuelle accordée par les habitans à M. l'abbé d'élargir le canal de la prairie d'avant pour amener assez d'eau pour l'irrigation des prés, à condition que les habitans pourront faire pâturer leur bétail en terre vuide sur les héritages de la Grange Barrau; en considération de quoy ils sont chargés d'indemniser tous les possesseurs de prés sur lesquels le canal sera élargi.

Les habitans sont encore tenus de s'arranger avec les bénédictins et les fermiers de l'abbaye pour la jouissance momentanée de plusieurs des droits et redevances supprimés par le traité et d'en continuer le payement pendant le cours de ces jouissances.

Il a été convenu que les prés et héritages de la veuve de George de l'Hôtal et consorts de Saint-Sauveur ne jouiront du bénéfice de l'affranchissement qu'autant qu'ils consentiront à l'existence perpétuelle et à l'élargissement du canal sans indemnité.

M. l'abbé accorde aux habitants la faculté perpétuelle d'acquérir son consentement des fonds de mainmorte dans les autres territoires de la terre de Luxeuil et de les vendre et hypothéquer lorsqu'ils auront des enfants vivants seulement avec réserve que si quelques sujets mainmortables d'une seigneurie en mainmorte venaient à posséder des fonds sur le territoire de Froideconche et qu'ils fissent échute, elle appartiendra exclusivement à M. l'abbé.

Les habitants sont chargés de procurer à leurs frais l'entière exécution du traité.

(La suite comme dans les pièces précédentes.)

XVIII

Projet d'affranchissement des habitants d'Esboz-Brest par M. de Cler-mont-Tonnerre, abbé de Luxeuil (1788-1789).

(Archives de la Haute-Saône, C, 40.)

ORDONNANCE DE L'INTENDANT DU 18 FÉVRIER 1789.

Mgr de Clermont-Tonnerre, abbé de Luxeuil et en cette qualité seigneur d'Esboz-Brest, demande l'homologation d'un traité d'affranchissement passé entre luy et les habitans d'Esboz-Brest du 28 septembre 1788 moyennant la somme de 1000 livres d'une part, d'un cens perpétuel d'un sou par journal de biens fonds et 36,000 livres d'autre part à prendre sur le prix d'un quart de réserve dont ils solliciteront la vente.

Ce traité a été passé au Palais abbatial par devant Voillot, notaire, entre M. l'abbé et les habitants d'Esboz-Brest stipulant par le fait de huit procureurs spéciaux établis par délibération reçue devant notaire le 26 septembre 1788 que l'on ne voit pas et qui n'est pas annexée jointe à ce traité.

M. l'abbé affranchit à perpétuité les habitants et communauté d'Esboz-Brest : 1° de la mainmorte personnelle moyennant la somme de 1000 livres qui sera employée à payer partie de la dépense considérable d'un bâtiment que l'abbaye a été obligée de construire à cause de l'élargissement de la grande rue de Luxeuil ordonné par Mgr l'intendant ; 2° de la mainmorte réelle moyennant le paiement d'un cens annuel et perpétuel d'un sou par journal de tous biens fonds, champs, prés et étangs qui étaient de mainmorte, lequel cens se paiera après l'homologation du traité et ne portera aucun droit de lods ni de retenue qui n'ont point lieu en cette mainmorte ; ledit cens estimé à cinquante livres par an ; 3° d'un cens ou dîme seigneuriale de quatorze gerbes l'une, de pareille quantité de masses de chanvre sur la plus grande partie du territoire, et de 22 sur une autre dont le produit est annoncé se porter à environ 1000 livres, d'une taille de 16 livres 13 sols 4 deniers, d'une prestation en poules évaluée 50 livres, de corvées à bras évaluées à 60 livres, moyennant la somme de 36 000 livres payables dans quatre années après la confirmation du traité par lettres patentes, de laquelle époque les intérêts courront au profit du seigneur; laquelle somme sera employée au profit du bénéfice.

Les habitants sont chargés de tous les frais faits et à faire pour l'exécution du traité ; ils sont obligez de s'arranger avec les fermiers de l'abbaye pour l'indemnité à ceux-cy de la jouissance des dixmes, cens et droits ; laquelle indemnité se prendra néanmoins sur les intérêts de la somme principale ; il est dit que la perception de la dixme était difficultueuse et sujette à procès.

M. l'abbé dispense pour toujours les habitants d'obtenir consentement pour acquérir des biens de mainmorte et les vendre dans le cas seulement d'enfans vivans dans les autres territoires de la terre et seigneurie de M. l'abbé de Luxeuil. Il est réservé que si quelque sujet d'une autre seigneurie mainmortable venait à posséder des fonds situés sur le territoire d'Esboz-Brest et qu'ils fissent échute ou qu'il y ait échute de la part de quelques habitants qui iraient contracter la mainmorte d'un seigneur, alors M. l'abbé prendra par droit d'échute les biens francs ou autres assis dans l'étendue de sa seigneurie à l'exclusion de tous autres seigneurs étrangers. M. l'abbé annonce qu'il passe ce traité pour user du droit de traiter la mainmorte que lui donne le traité fait entre l'empereur Charles-Quint et Jean de la Pallu, abbé de Luxeuil, à Madrid, le 29 octobre 1534, ratifié le 14 novembre suivant et enregistré à la Chambre des comptes de Dôle, ainsy que l'édit du mois d'août 1779.

(La suite comme dans les pièces précédentes.)

8045-80. — Corbeil, typ. et stér. Crété.

www.ingramcontent.com/pod-product-compliance
Lightning Source LLC
Chambersburg PA
CBHW061251060726

47596CB00002B/541